O BERÇO DO HERÓI

Sobre o autor

Alfredo de Freitas Dias Gomes, mais conhecido como Dias Gomes, foi romancista, contista e teatrólogo. Nasceu em Salvador, em 19 de outubro de 1922. Escreveu seu primeiro conto, "As Aventuras de Rompe-Rasga", aos 10 anos, e, aos 15, sua primeira peça, *A Comédia dos Moralistas*, vencedora do concurso promovido pelo Serviço Nacional de Teatro e pela União Nacional dos Estudantes (UNE). Várias de suas obras foram censuradas durante a ditadura por apresentarem forte conteúdo político. Entre as mais conhecidas, estão *O Berço do Herói*, *O Bem-Amado* e *O Pagador de Promessas*.

O Berço do Herói deveria ter sido levada à cena pela primeira vez em 1965, no Teatro Princesa Isabel, no Rio de Janeiro, sob a direção de Antonio Abujamra. Duas horas antes da estreia, entretanto, a peça foi interditada pela censura, que manteve a proibição do texto no Brasil por cerca de 20 anos. Sua primeira encenação ocorreu nos Estados Unidos, em 1976, no Teatro The Playhouse, do Departamento de Teatro e Cinema da Pennsylvania State University.

Em 1975, Dias Gomes escreveu a novela *Roque Santeiro*, adaptada do texto de *O Berço do Herói*. Com 51 capítulos escritos e 20 gravados, a novela também foi proibida pela censura e só foi ao ar 10 anos depois pela TV Globo. *Roque Santeiro* recebeu o Prêmio da Associação Paulista dos Críticos de Arte e o Troféu Imprensa, em 1985.

Dias Gomes foi eleito para a Cadeira 21 da Academia Brasileira de Letras em 1991. Faleceu em 1999, em São Paulo, aos 76 anos.

DIAS GOMES

O BERÇO DO HERÓI

7ª edição

Rio de Janeiro | 2024

Copyright © 1963 *by* Dias Gomes

Capa: Oporto design

Ilustração de capa: Alexandre Venancio

Editoração eletrônica: Imagem Virtual Editoração Ltda.

Texto revisado segundo o novo
Acordo Ortográfico da Língua Portuguesa

2024
Impresso no Brasil
Printed in Brazil

CIP-Brasil. Catalogação na fonte
Sindicato Nacional dos Editores de Livros, RJ.

G613b 7ª ed.	Gomes, Dias, 1922-1999 O berço do herói / Dias Gomes. - [7. ed.] - Rio de Janeiro: Bertrand Brasil, 2024. 154 p.; 23 cm. ISBN 978-85-286-1544-9 1. Teatro brasileiro (Literatura). I. Título.
14-13820	CDD — 869.92 CDU — 821.134.3(81)-2

Todos os direitos reservados pela:
EDITORA BERTRAND BRASIL LTDA.
Rua Argentina, 171 — 3º andar — São Cristóvão
20921-380 — Rio de Janeiro — RJ
Tel.: (21) 2585-2070

Não é permitida a reprodução total ou parcial desta obra, por quaisquer meios, sem a prévia autorização por escrito da Editora.

Atendimento e venda direta ao leitor:
sac@record.com.br

Sumário

Prefácio 7

Algumas Palavras Sobre… 11

Texto da Peça 15

Prefácio

O Berço do Herói, de Dias Gomes, é uma comédia política, onde o mito do heroísmo vai pelos ares depois de examinado pelo autor à luz dos interesses da classe dominante em nosso País. O Cabo Jorge morreu como herói, na FEB (Força Expedicionária Brasileira). Sua cidadezinha do interior apropria-se do seu nome. O chefete local usa-o para obter verbas federais; o Prefeito, para aumentar as rendas do município; o padre, para suas quermesses e atividades congêneres — o povo diz, à boca pequena, que o Senhor do Bonfim inspirou Jorge em sua arrancada contra os alemães; a prostituição está em plena expansão capitalista com o fluxo de turistas; o Exército deu a um de seus batalhões o nome do herói. Mas o herói está vivo; ferido em combate, tornou-se desertor, só resolvendo voltar à sua terra quando é concedida anistia (esta palavra, no Brasil, hoje em dia, tem um sabor levemente arcaico). Daí os interesses que exploravam o mito unirem-se para mantê-lo, isto é, para destruir o verdadeiro Cabo Jorge.

Esse, o tema político do texto. Jorge comenta que, se é livre, tem o direito de dispor da sua liberdade, o que a classe dominante não permite. Dias Gomes já usara, dramaticamente, essa contradição entre a liberdade formal e a exploração do homem em *O Pagador de Promessas*. Aqui, repete-a comicamente, mas o resultado, para bom entendedor, não se altera. A liberdade formal, até esta, cessa de existir em nossa sociedade no momento em que contraria os donos do mercado. Nenhum dos implicados em negociar o heroísmo do Cabo Jorge pode aceitar a realidade sem que desmorone a ordem social vigente.

Dias Gomes é um autor à procura de um estilo, como, aliás, a maioria dos dramaturgos que contribuiu para esboçar o teatro brasileiro da era posterior à chanchada e do *lusotropicalismo* dramático. Seu problema é superar o realismo moderno sem, entretanto, deixar de transmitir ao público uma realidade política. Em *A Invasão* deu um passo forte nesse sentido: a massa protagonizava a ação, enquanto que a maioria da crítica tolamente queixou-se da inexistência de "caracterizações psicológicas profundas".

O realismo moderno procura fundir a autossuficiência psicológica das personagens com as forças que controlam a sociedade. Mas o chamado "psicologismo", no entender de autores como Brecht, tende a provocar uma empatia de público e palco que obscurece as condições objetivas, as circunstâncias que motivam a ação. Daí o farto uso que Brecht faz de elementos externos, sua repulsa às surpresas da "intriga" etc. Mas ele próprio sentiu a necessidade de equilibrar a balança entre esse teatro sociológico e a individualização recomendada por Aristóteles, fato verificável em sua peça mais importante, *Galileo, Galilei*. O problema não é de fácil solução, o que está longe, porém, de justificar a reação antirrealista de Ionesco e semelhantes que, a pretexto de atualizarem o teatro dentro do caos contemporâneo, tentam reduzi-lo à mudez e ao obscurantismo.

É sensível em *O Berço do Herói* o propósito do autor de subordinar caracterização psicológica ao efeito coletivo das forças em choque. Ele usa o quiproquó, a caricatura, a música e outros efeitos alheios à empatia tipicamente realista. Mas nem sempre consegue harmonizá-los no conjunto, pois algumas caracterizações são completas, como a de *Antonieta*, a viúva inconsolável do herói, o que nos faz exigir, por exemplo, que o padre e o General sejam também observados como pessoas e, não apenas, o que acontece, como elementos de uma equação política. Já o desfecho, a inauguração de mais um estabelecimento da livre empresa em Cabo Jorge, parece-me um momento raro de comédia satírica no teatro brasileiro, lembrando o melhor Wedekind. Idem, a ambiguidade do padre, que aceita dinheiro dos bordéis para obras de caridade ao mesmo tempo que se obstina em fechá-los, sem que se dê conta de qualquer contradição em sua conduta.

O herói tem o seu grande momento diante das prostitutas: "Vivemos tempos que não são os nossos, / aprendemos línguas / que jamais seremos capazes de falar; / caminhamos para um mundo / onde sucumbiremos de tédio, / embora tenhamos por ele lutado. / Os que vieram antes de nós / nos roubaram todas as causas, / todas as bandeiras / e somente uma opção nos deixaram / os que vieram antes de nós: / o Sexo ou a Revolução." É difícil que qualquer intelectual da presente geração deixe de se encontrar em alguma dessas frases, que mostram um Dias Gomes registrando a decadência do *Zeitgeist*, perfeitamente cônscio das seduções do inimigo. E há outra peça aqui. Mais tarde, talvez, ele venha a escrevê-la.

As contradições estilísticas de Dias Gomes, como as dos outros autores sérios de sua geração, pedem um contato permanente com o palco para que possam ser resolvidas. Só o método de tentativa e erro, do qual o público é peça indispensável, pode levá-lo a uma obra completa. Há poucas possibilidades desse *happy ending* num futuro próximo. O teatro brasileiro só funciona na base do balcão, do prestígio internacional (de autores que, quase sempre, limitam-se a arranhar ideias sérias, à maneira de Arthur Miller e Tennessee Williams) ou desse amadorismo que consegue nivelar os clássicos a Pedro Bloch ou Pongetti. Quanto ao Estado, o atual, parafascista, nada fica a dever aos anteriores, supostamente "populares". Sua indiferença ao teatro verdadeiro é total. O marechal Castelo Branco, por exemplo, é dado pelos aduladores profissionais como "amante do teatro". Isto significa que prestigia, com sua presença, comediotas americanas de exportação. Até o momento, ele permanece virgem de presença em espetáculo com texto brasileiro de qualidade, o que, aliás, é perfeitamente coerente com os objetivos do regime cuja canga suportamos.

Assim, o surto de renovação que teve início na década de cinquenta tende a estagnar-se, pois o mercado lhe fechou as portas, enquanto o Estado atual esmera-se, em todos os setores, em ser subserviente ao mercado. Dias Gomes fez bem em concluir *O Berço do Herói* num bordel autêntico. Do falso, estamos todos até o pescoço, temendo até falar, como a personagem da anedota célebre. E é como metáfora do Brasil de hoje que *O Berço do Herói* poderia ser aproveitado, se ainda existissem empresários aventurosos. O heroísmo como filho dos *public relations* é o tema do dia. O assunto na vida real dá bons dividendos em dólares e ganha biografia de Revolução com financiamento de papel pelo Governo.

A peça é, naturalmente, subversiva. O Cabo Jorge teve medo na guerra, quando é sabido que o militar local nunca tem medo, em particular o egresso da FEB (sem ele, a Itália não teria caído diante dos Aliados), hoje assentado no poder. É verdade que Jorge é Cabo e não oficial, o que talvez explique sua *faiblesse*. Mas, apesar dessa ressalva, o assunto permanece perigoso. O dólmã, ou a japona, se preferirem, virou uma espécie de manto sagrado em nosso País. O homem que a veste passou a ser o legítimo concessionário da moralidade, especialista em economia, reforma agrária, educação etc. O Cabo Jorge errou, o General que o acoberta, idem. São pensamentos heréticos que o autor deitou ao papel. Por muito menos, diversos assistentes de torneiros, auxiliares de mecânico e outras figuras de grande influência na vida do Brasil se viram privados de seu sustento, punidos pela Nova Ordem. E Dias Gomes deve lembrar-se da frase de Goering, tantas vezes convertida em atos depois do 1º de abril: "Quando ouço falar em cultura, sinto vontade de sacar o revólver." Esta é a Ordem do Dia do Brasil de hoje.

PAULO FRANCIS
3 de novembro de 1964

Algumas Palavras Sobre...

A PEÇA

Que é isto? Uma comédia? Um drama? Uma tragédia? Talvez seja uma comédia com um *background* trágico. *Background* que cresce, à proporção que a peça se desenvolve e chega mesmo a ditar o clima de algumas cenas. Mas nem por isso deve constituir uma tônica na linha geral do espetáculo. Essa hibridez é proposital e jamais deverá ser eliminada, pois, através dela, muita coisa há a dizer. Ainda no que diz respeito à forma, o épico é, frequentemente, quebrado por um tom de comédia doméstica. É um contraste que serve à ideia central da peça e à visão que ela pretende apresentar do mundo.

O CENÁRIO

Deve ser resolvido com elementos essenciais, de molde a fornecer os seguintes locais de ação:

Praça com monumento a Cabo Jorge,
Casa de Antonieta,
O velho bordel,
O novo bordel,
Parede-tela para projeção,

e a possibilitar um ritmo ágil, com mutações rápidas, sem cortinas e sem grandes deslocamentos de apetrechos cênicos. Estes devem reduzir-se ao mínimo. A base da cenografia deve ser a praça; a casa de Antonieta e os bordéis serão apenas sugeridos com um ou dois objetos. Seguindo o caráter da própria peça, entretanto, também no cenário o "épico" deve ser quebrado, aqui e ali, pelo "doméstico".

PERSONAGENS:

Antonieta
Major Chico Manga
Vigário
Prefeito
Lilinha
Juiz
Vendedor Ambulante
Rapariga 1
Rapariga 2
Mulher Grávida
Matilde
Menino da Metralhadora
Menino do Revólver
Cabo Jorge
General
E mais um Ator, uma Surda-muda e o povo de Cabo Jorge.

ÉPOCA: 1955

Prólogo

Palco e plateia às escuras. Ouve-se um gongo elétrico.

ATOR

(Pelo microfone.) Notícia de falecimento: morreram todos os heróis.
Outra vez o gongo.

ATOR

Transmitimos a notícia de falecimento de todos os heróis.

CORO

(Surge sob um jato de luz e canta.)
Morreram, morreram todos
de ridículo e de vergonha
ante o advento do herói-definitivo;
humilhados, ofendidos,
morreram, morreram todos
os personagens da tragédia universal.
Voltamos, voltamos ao coro
— símbolo do destino comum.

Há um botão atravessado
na garganta do universo
— é o gogó da humanidade,
é o gogó de Deus.

Não é botão que se abra em flor,
que desabroche em vida e perfume,
não é botão que adorne a camisola
da noiva desejada
e desabotoe em prazer e amor
ao doce apelo da fecundidade;
é o contato fatal entre dois polos,
fim de todos os fins.

Botão que espera
o dedo assassino,
exterminador,
que o virá premir
e o fará parir
o feto atômico.

Eternidade — palavra sem nexo,
céu, inferno, juízo final — nada disso haverá:
Deus virou botão, botão de contato,
Deus virou comutador
e a humanidade se curva e ora
ao deus-botão,
ao deus-comutador.

De que cor será?
Vermelho, azul, lilá?
De que cor será,
de que cor será
o botão que nos mandará
a todos para o nada?

ATOR

(Surge na boca de cena, com uma lanterna elétrica.) Atenção, atenção. Se há algum herói na plateia, queira subir ao palco, por favor. *(Lança o jato de luz sobre os espectadores.)* Nenhum herói? Nenhum herói? Obrigado. Temos então de nos arranjar com o que nos resta. *(Apaga a lanterna e sai.)*

Sobre a tela, projeta-se o filme:
Campo de batalha (noite).
1 — Bombardeio. Fogo de artilharia.
2 — A trincheira brasileira.
3 — Cabo Jorge entre os soldados entrincheirados.
4 — O bombardeio é terrível.
5 — A trincheira brasileira é violentamente bombardeada. Os soldados estão quase tomados pelo pânico.
6 — Explode uma granada: Cabo Jorge quase é soterrado.
7 — O rosto de Cabo Jorge reflete a gravidade da situação.
8 — A trincheira continua a ser duramente castigada pelo bombardeio.
9 — Cabo Jorge olha em torno, sente que é preciso tomar uma decisão.
10 — Cabo Jorge galga o alto da trincheira, subitamente, ante os olhares estarrecidos dos soldados.
11 — No alto da trincheira, brandindo o fuzil, Cabo Jorge solta um terrível grito de guerra, um grito selvagem, alucinado, e precipita-se contra as linhas inimigas.
12 — Brandindo o fuzil e gritando sempre, Cabo Jorge corre em direção às posições adversárias. No meio do caminho é metralhado.
13 — Cabo Jorge cai, varado pelas balas.
14 — Encorajados pelo heroísmo de Cabo Jorge, os soldados brasileiros abandonam a trincheira e avançam em massa.
15 — O corpo de Cabo Jorge estendido ao solo e as botas dos soldados brasileiros que saltam sobre ele. São dezenas, passando ininterruptamente, para o ataque, para a vitória, que a música descreve em tons wagnerianos, até o letreiro surgir, em superposição.

FIM

Apaga-se a tela. A iluminação muda. Estamos agora na praça, diante do monumento a Cabo Jorge. O monumento está coberto pela bandeira brasileira. Junto a ele, sobre um pequeno palanque, Antonieta, toda de preto, um véu cobrindo-lhe o rosto. Major Chico Manga, Vigário, Prefeito. Populares se aglomeram em volta do palanque. Entre estes, Lilinha, Juiz, um Vendedor Ambulante e a Surda-Muda.

Antonieta é mulher de trinta e poucos anos, de beleza um tanto vulgar. Toda ela, aliás, rescende a vulgaridade. Uma certa linha, um ar de grande dama que procura manter em público, são inteiramente falsos. E, no fundo, ela se sente muito mal quando não está no seu natural, que é o de fêmea inteiramente livre de peias e preconceitos. Suas concepções morais são primitivas e simplistas, custando-lhe muito compreender que deve exercer certo controle sobre seus impulsos sexuais. No entanto, esse aparente despudor é que lhe dá uma surpreendente humanidade.

O "Major" Chico Manga é o chefe político local. Negocista, demagogo, elegendo-se à custa da ignorância de uns e da venalidade de outros, convicto, entretanto, de ser credor da gratidão de todos pelas benfeitorias que tem conseguido para a cidade. E talvez o seja, até certo ponto. É dessa classe de políticos — bem numerosa, aliás, entre nós — que acha que o relativo bem que fazem os absolve de todo o mal que espalham. E que se Deus fez o bem e o mal, foi para que coexistissem. O que se deve fazer é tirar o maior proveito possível do mal em favor do bem. Assim, se permite a prostituição, o jogo, mas se cobra uma boa taxa para a Igreja ou a Prefeitura, está tudo justificado. Podia-se atribuir a ele aquela célebre frase de um parlamentar patrício: "Política se faz com a mão esquerda na consciência e a direita na merda." O título de "Major" não lhe advém de posto militar, mas de seu prestígio e suas posses.

O Prefeito é um homem do Major. Depende inteiramente de seu prestígio e submete-se a ele. Se bem que procure realizar alguma coisa e projetar-se por conta própria, mas faltam-lhe personalidade e chute. O Major lhe permite posar de autoridade, e ele não é capaz de ir muito além disso. Tenta ser um administrador moderno, mas é, no fundo, um primário.

Padre Lopes, o Vigário, é uma figura contraditória. Tão contraditória quanto a própria Igreja católica. É já de meia-idade e os anos que tem na paróquia lhe permitiram assistir ao crescimento da comunidade. É a única pessoa que possui uma visão global desse desenvolvimento desigual e desordenado em que, sob os rótulos de progresso e civilização, entram, de contrabando, os germes que irão contaminar a futura sociedade, dita civilizada e cristã. Consciente disso, Padre Lopes trava uma violenta batalha contra o pecado, que cresce como a própria cidade. Sem uma visão nítida do processo histórico, combate os efeitos, esquecendo as causas. Mas é honesto em seus propósitos. Contraditoriamente, sua paróquia se beneficia dessa mesma corrupção que ele combate. Embora pareça, em certos momentos, um fanático, é apenas um obsedado. Essa obsessão, essa ideia fixa — o combate às prostitutas que invadem a cidade — é a cristalização de uma revolta, decorrente da consciência que tem de sua impotência para impor a própria concepção moral.

Lilinha é um temperamento marcado pela frustração sexual. Foi levada a um voto de castidade, menos por inclinação mística do que pelo desejo de transformar em culto essa mesma frustração. De maneira curiosa, ela se sente justificada desse modo. A figura que encarna da "virgem abandonada", sublime em sua renúncia, satisfaz inteiramente a sua vaidade e aplaca a sua histeria. Esta explode, no final, quando ela se sente roubada e ridícula.

MAJOR CHICO MANGA

(*Discursando.*) Foi um herói, minha gente. Um herói de verdade. Graças a ele, as tropas brasileiras na Itália conquistaram seu primeiro triunfo. Graças a seu gesto magnífico, lançando-se de peito aberto contra a metralha, aquele batalhão, encorajado pelo seu exemplo, levou de roldão as terríveis hordas nazistas. Esta glória, que há de ficar para sempre gravada nas páginas da História, é também nossa, porque foi este o solo que lhe serviu de berço.

PREFEITO

Isso mesmo.

MAJOR

Mas foi preciso que se derramasse o sangue de um herói — e esse sangue era quase meu, como todos sabem, casado que sou com a tia dele — para que as autoridades federais tomassem conhecimento deste lugar, até então esquecido de Deus e dos homens. O feito heroico de Cabo Jorge atraiu para esta cidade jornalistas, cinegrafistas e turistas de toda parte. No entanto, é preciso que se saiba também, meus patrícios, meu povo, que nada disso teria acontecido se este amigo de vocês não tivesse, na Câmara Federal, lutado como lutou para trazer até aqui o progresso, as conquistas da civilização cristã.

PREFEITO

Muito bem.

Aplausos. Dois populares levantam uma faixa: PELO PROGRESSO DE CABO JORGE, VOTE NO MAJOR CHICO MANGA.

POPULAR

Viva o Major Chico Manga!

TODOS

Viva!

MAJOR

Sei que não fiz mais do que o meu dever. Não fiz mais do que me mostrar digno de Cabo Jorge — símbolo da coragem, da virilidade e do espírito de sacrifício dos homens desta terra, do mesmo modo que aquela a quem deixou viúva é o símbolo da pureza e da honestidade de nossas mulheres. E ninguém melhor do que ela, a viúva do herói, ninguém mais merecedora da honra de inaugurar este monumento, erigido pelo povo desta cidade ao maior dos seus filhos, Cabo Jorge.

Aplausos. Antonieta levanta o rosto e o véu. Sorri para o povo, um sorriso de declamadora escolar em festa de fim de ano.

ANTONIETA

(Disfarçadamente, ao Major.) E agora, o que é que eu faço?

MAJOR

(Discretamente, um pouco irritado.) Não lhe disse, puxe a bandeira.

ANTONIETA

(Tenta retirar a bandeira que cobre o monumento, não consegue.) Algum engraçadinho prendeu a bandeira lá atrás.

Major consegue desprender a bandeira. Antonieta descobre o monumento. Aplausos. Antonieta sorri, agradecendo, como se a homenagem fosse para ela.

ANTONIETA

(Após ligeira hesitação, sem saber se deve ou não agradecer.) Eu acho que devo agradecer, não é? Já que ele, coitadinho, não pode. Se pudesse, vocês

iam gostar, porque falava tão bem, dizia coisas tão bonitas... Não sei aonde ia buscar tanta coisa, palavra.

Major lança-lhe um olhar de desaprovação. Ela percebe.

Bem, mas isso não interessa. O que eu queria dizer é que estou muito contente, não sabe? Ah, vocês não imaginam como eu estou contente. E Jojoca também, lá no Céu, deve estar, se é que deixaram ele ver esta festa. Mas por que não haviam de deixar, não é, seu Vigário, se a festa é pra ele?

O Vigário balança a cabeça afirmativamente, com toda a gravidade.

Só digo que é mesmo uma pena que ele não esteja aqui, porque ia gostar de se ver assim... Bem, mas se ele estivesse aqui não podia ter virado estátua. De maneira que Deus sabe como faz as coisas. Viúva é sobejo de defunto. Um homem faz falta, e o preto não é cor que assente em qualquer pessoa; mas quando a gente é viúva de um homem que morreu de morte tão bonita, não pode se queixar, não é mesmo? E quando a gente perde um marido, mas ganha uma estátua igualzinha a ele, até parece que não é mais viúva. Se bem que haja muita diferença, vocês entendem. Sem querer desfazer da estátua, que é muito bonitinha. Mas é que uma estátua a gente não pode levar pra casa, vestir um pijama nela, não é, não pode. Mas eu não me queixo, não. Estou muito contente. E agradeço. Por mim e por ele.

Todos aplaudem. Antonieta distribui sorrisos de "miss" em passarela. Foguetes espocam no ar.

CORO

(Sai do meio do povo, avança até o proscênio e canta.)

Não são os heróis que fazem a História,
é a História
quem faz heróis,
porém no caso do nosso Cabo Jorge,
foi a História
ou fomos nós?

Este ponto ficará esclarecido
no decorrer
de nossa história;
o que importa no momento esclarecer

é que sem ele,
sem sua glória,
este lugar não teria conhecido
as maravilhas
e as conquistas
da civilização cristã e ocidental
e ocidental
e ocidental.

Primeiro Ato

PRIMEIRO QUADRO

Duas quermesses ocupam as extremidades da praça embandeirada. Numa delas está Lilinha; na outra, Antonieta. Populares à frente das barracas. Dois meninos passam correndo. Ouve-se a Banda executando um número. Um Vendedor atravessa a cena, oferecendo "abecês".

VENDEDOR

Vamos, minha gente, vamos
melhorar sua cultura,
o "ABC de Cabo Jorge"
é obrigatória leitura;
o homem não vive só
de mastigar rapadura.

A história que vão ler
se passou lá nas Oropa
e demonstra que na Guerra
brasileiro não é sopa,
quando entra numa briga
não teme sujar a roupa.

LILINHA

(Em sua barraca.) Medalhas com a efígie de Cabo Jorge. Comprem, que é em benefício de nossa Igreja.

Juiz aproxima-se da barraca e examina uma das medalhas.

LILINHA

Doutor Juiz vai ficar com uma medalhinha? É pra ajudar as obras da Igreja.

JUIZ

Que obras?

LILINHA

Não sabe que o telhado está pra cair?

JUIZ

Há dez anos que está. Não caiu até hoje.

LILINHA

Porque Deus não quis.

JUIZ

Pois se tudo depende da vontade de Deus, não adianta fazer nada, minha filha. *(Refere-se à medalha.)* Feita aqui?

LILINHA

Sabe não? Cacá de Filomena abriu uma loja só pra vender medalhas, amuletos, retratinhos, tudo de Cabo Jorge. E não é mais preciso mandar fazer em Salvador, ele mesmo faz. Trouxe máquinas, operários, tudo pra isso.

JUIZ

Deve estar entrando nos cobres, o sabido.

LILINHA

Se está. Papai é sócio.

JUIZ

Ah, o Prefeito é sócio. Então não deve nem pagar imposto. Terra abençoada.

LILINHA

Mas pra Igreja eles não cobraram nada pelas medalhas. Fizeram uma doação.

JUIZ

Claro. Assim, Deus também entra de sócio. Cacá de Filomena tem cabeça.
Entram Rapariga 1 e Rapariga 2.

LILINHA

(Ao ver as prostitutas.) Que atrevimento!

JUIZ

(Sem perceber o motivo da indignação de Lilinha.) Me desculpe...

LILINHA

Essas mulheres... Aqui! *(Dá as costas às Raparigas, que passam.)*

RAPARIGA 1

(Pisca o olho para o Juiz.) Boa-noite!

JUIZ

Boa-noite! *(Percebendo que Lilinha não vê, arrisca um olhar.)*

LILINHA

(Volta-se ainda mais indignada.) E o senhor ainda dá boa-noite a elas!

JUIZ

Questão de educação. Cumprimentaram, eu respondi.

LILINHA

O senhor, como juiz, devia era expulsar daqui essas sem-vergonhas. Numa festa da Igreja, é incrível que elas tenham o descaramento de comparecer.

JUIZ

Foi seu pai, o Prefeito, quem deu permissão pra elas funcionarem. E, pelo que estou informado, elas pagam imposto. Ao passo que as medalhinhas...
As Raparigas param no outro extremo do palco.

RAPARIGA 1

Que é que essa Beata está resmungando?

RAPARIGA 2

Sei lá. É a tal que diz que foi namorada de Cabo Jorge. E depois que ele morreu, jurou morrer virgem.

RAPARIGA 1

Até que não vai ser difícil: quem é que quer um bucho desses? *(Ri.)*

LILINHA

(Para o Juiz.) O senhor quer dar uma olhada na barraca? Eu vou chamar o Vigário. É muito desaforo! *(Sai.)*

ANTONIETA

(Na outra barraca.) Um bilhetinho da tômbola que vai correr daqui a pouco. É pra ajudar a consertar o telhado da Igreja que está pra vir abaixo. *(Um popular compra um bilhete.)* Obrigada.

MULHER GRÁVIDA

Vosmicê não tem uma relíquia, um pertence qualquer que tenha sido de Cabo Jorge? Diz que dá sorte pra quem está de bobó...

ANTONIETA

Tenho não. Aqui é só bilhete pra tômbola. Mas a senhora procure por aí que encontra. Já venderam tanto amuleto feito da farda do falecido, que se juntassem tudo dava pra fardar todo o Exército Brasileiro.
Vendedor chama a Mulher à parte.

VENDEDOR

Vosmincê quer uma relíquia de Cabo Jorge?

MULHER GRÁVIDA

Queria...

VENDEDOR

(Tira do bolso, discretamente, um pequeno objeto.) Uma preciosidade.

MULHER GRÁVIDA

Que é isso?

VENDEDOR

Tá vendo não? Um botão da ceroula de Cabo Jorge. Dá sorte e faz ter filho macho.

MULHER GRÁVIDA

Da ceroula dele mesmo?

VENDEDOR

Oxente, só não chamo o testemunho da viúva porque seria desrespeito. Mas vosmincê pode levar sem susto, que logo vai ter o resultado.

MULHER GRÁVIDA

Quanto é?

VENDEDOR

Duzentos cruzeiros. Mas não falha.
Mulher paga e se afasta. Vendedor segue-a.

VENDEDOR

Tenho também um amuleto feito da farda do Cabo e benzido pelo Vigário...
Entra Major e vai à barraca de Antonieta.

ANTONIETA

Bilhetes da tômbola que vai correr daqui a pouco. Vamos, compre o resto pra ver se acaba logo com isto. Estou farta.
Major ri, tira uma nota da carteira.

ANTONIETA

(Pega a nota.) Pronto, acabaram-se os bilhetes. *(Para o Major:)* Nunca pensei que ser viúva de herói fosse tão chato.

MAJOR

Tem suas compensações...

ANTONIETA

Tem, é claro. Senão eu não estava aguentando há dez anos esta amolação. E a coisa está piorando. Antigamente, só se comemorava o aniversário da morte, depois passou-se a comemorar também o nascimento, agora o Vigário inventou de festejar até a primeira comunhão.

MAJOR

É bom, tudo isso é bom. Quanto mais festas, melhor. Movimenta a cidade, o comércio. É gente que vem, dinheiro que entra.

ANTONIETA

Ganham os jogadores, as Raparigas.

MAJOR

Todos ganham.

ANTONIETA

E eu que engula discurso, sermão, quermesse, todo esse bolodório.

MAJOR

Quando tivermos a estrada então, vai ser uma beleza.

ANTONIETA

Sai mesmo essa estrada?

MAJOR

Ora, já está no meio. E fica pronta dentro de um ano. Pra semana vou ao Rio apressar a liberação da verba.

ANTONIETA

Sabe o que estão dizendo por aí? Que você só lutou por essa estrada pra valorizar suas terras.

MAJOR

Gente ingrata. Uma estrada que vai beneficiar todo mundo. Quando que este cafundó sonhou ter uma estrada asfaltada ligando diretamente com Salvador? Agora só porque a estrada passa pela minha fazenda... Mas não ia ter de passar por algum lugar? Não ia ter de valorizar as terras de alguém? Pois então que valorize as minhas, que fui quem pari a ideia. É justo ou não é?

ANTONIETA

Eu acho. Eles é que não acham.

MAJOR

Eles quem?

ANTONIETA

Esses que dizem que a estrada vai dar uma volta enorme só pra passar por suas terras.

MAJOR

Volta enorme! Uma voltinha de nada.

ANTONIETA

Você podia era ter dado um jeito de fazer a estrada passar também pela minha fazenda.

MAJOR

Isso também era demais. Sua fazenda fica no norte do município, a estrada vem do sul.

ANTONIETA

Oxente, uma voltinha a mais, uma voltinha a menos...
Entram Lilinha e o Vigário. Ela aponta as Raparigas.

LILINHA

Lá estão elas.

VIGÁRIO

Era só o que faltava! *(Fuzila as Raparigas com o olhar.)*

RAPARIGA 2

Xi, a Beata foi chamar o Vigário. Vamos embora.

RAPARIGA 1

Eu daqui não saio. Não arredo pé daqui. Estou na rua, não estou na Igreja.

RAPARIGA 2

Tu sabe como é esse padre. Vai fazer um fuzuê!

RAPARIGA 1

Que faça. Tenho medo de homem que veste saia?

VIGÁRIO

(Aproxima-se das Raparigas.) Por favor, saiam daqui.

RAPARIGA 1

Mas nós estamos muito bem aqui.

VIGÁRIO

Por Deus, não me façam perder a paciência.
As Beatas formam um bloco agressivo atrás do Vigário. O Prefeito entra.

RAPARIGA 1

(Solta uma gargalhada.) Que é? Vão querer briga?

LILINHA

É o cúmulo! Não respeitam nem o Vigário!

PREFEITO

(Aproxima-se.) Que é que há, Padre? Que está acontecendo?

VIGÁRIO

Não sei como o senhor, o Prefeito, permite essa indecência.

LILINHA

Essas mulheres aqui afrontando Deus e todo mundo!

As Beatas cercam o Prefeito, protestando exaltadamente: "Uma imoralidade! Um sacrilégio! Em frente da Igreja!"

PREFEITO

(Com autoridade.) Calma, calma. Tudo se resolve. *(Volta-se para as Raparigas e fala num tom menos autoritário.)* Vão embora, não me arranjem encrenca com o Vigário. Vão embora.

RAPARIGA 1

Está bem, nós vamos porque o Prefeito pediu. Não porque a gente tenha medo dessas papa-hóstias. *(Mostra a língua, num gesto insultuoso.)*

As Beatas revidam com o mesmo gesto. Rapariga 1 levanta a saia até a altura da cintura. O Vigário e as Beatas levam a mão ao rosto, com um grito de horror.

SEGUNDO QUADRO

Uma sala em casa de Antonieta.

MAJOR

Só sei que com essa estória de comemorar o aniversário da primeira comunhão de Cabo Jorge, o Vigário tirou um dinheirão nas quermesses.

ANTONIETA

Quem teve a ideia?

MAJOR

Fui eu. Assim ele não amola mais a gente com o teto da Igreja que está pra cair. Agora tem dinheiro pra construir outra Igreja, se quiser.

ANTONIETA

E será que Cabo Jorge fez mesmo primeira comunhão?

MAJOR

Fez, minha mulher tem um retrato dele de branco, vela na mão e resplendor na cabeça. Não sabe que ele, quando era menino, ajudava na missa?

ANTONIETA

Daqui a pouco você vai querer me convencer de que ele era um santo.

MAJOR

Por que o espanto? Tem muita gente que acha. Há até quem garanta que antes de morrer ele teve uma visão e ouviu uma voz: "Vai! Avança! Avança!"

ANTONIETA

Devia ser algum soldado alemão...

MAJOR

O povo acredita que era o Senhor do Bonfim. Vai você contradizer o povo?

ANTONIETA

É uma gente muito tola.

MAJOR

Não tanto como você pensa. Sabe que já andam falando muito de nós? Por mais cuidado que eu tenha.

ANTONIETA

Também, o que era que você queria? Que isso ficasse em segredo, numa cidade do tamanho de Cabo Jorge, onde tudo se sabe?

MAJOR

Eu sei que é difícil. Mas sempre se pode manter a questão num ponto em que muita gente tenha dúvidas. Uma coisa é dizerem que o Major Chico Manga dorme com a viúva de Cabo Jorge, outra coisa é baterem uma fotografia dos dois na cama.

ANTONIETA

Fizeram isso?!

MAJOR

Não, estou comparando. E não é tanto por mim que tomo precauções, é mais por você.

ANTONIETA

E eu estou ligando? Qual é o meu?

MAJOR

Mas deve ligar. E preciso que o povo imagine que a viúva de Cabo Jorge é uma mulher superior. Seu prestígio na cidade vem dessa ideia que o povo faz de você.

ANTONIETA

E não é uma ideia verdadeira? Eu não sou, por acaso, superior a essas tabaroas?

MAJOR

Claro que é. Mas se todo mundo começar a falar de nós... Você compreende, isto é uma cidade de interior, agora é que está tomando um cheiro de civilização.
Entra a Surda-Muda.

MAJOR

(Referindo-se à Surda-Muda.) Por isso, é preciso ter cuidado.

ANTONIETA

Ela não ouve, nem fala, você sabe.

MAJOR

Mas vê.

ANTONIETA

Também nenhuma criada é perfeita.
A Surda-Muda faz sinais.

ANTONIETA

Tem gente aí. É melhor você sair pela porta dos fundos.

MAJOR

Volto de noite. *(Sai.)*

ANTONIETA

Às vezes penso que o melhor era mesmo ter ficado lá na Capital. Vivia roendo beira de sino, mas pelo menos podia roer do jeito que quisesses. Não me queixo do velho, ele tem sido bom pra mim. Como homem, não me

satisfaz, é claro. Mas, coitado, ele não tem culpa disso. Ingratidão dizer que ele não faz tudo pra me agradar. Não fosse ele e eu não era hoje o que sou, dona de fazenda, com pensão do Estado, considerada, bajulada. Só não sei se tudo isso vale a liberdade da gente fazer o que dá na cabeça. É claro que nada me impede de dar umas fugidas de vez em quando e pregar uns chifres na testa do Major. Ora, eu sou moça e não vou me enterrar antes do tempo. É ou não é?
A Surda-Muda faz sinais.

ANTONIETA

Ah, sim, vamos ver quem é.
A Surda-Muda sai, entra Matilde.

MATILDE

Dá licença?

ANTONIETA

Ah, é D. Matilde. Como vão os negócios?

MATILDE

Andavam muito fracos. Mas este mês, não sabe? Com o calor, as festas e a ajuda de Deus melhoraram bastante. A gente não pode se queixar.

ANTONIETA

Muita gente de fora, muito homem em jejum... as meninas devem ter sido muito procuradas.

MATILDE

Se foram, minha senhora. Trabalharam tanto que estou até pensando em fechar a casa por uma semana e dar férias a todas elas.

ANTONIETA

É justo.

MATILDE

Merecem, a senhora não acha? Ah, eu sou assim, o que é direito é direito. Quando o Major exigiu que se desse uma percentagem ao Vigário como condição pra deixar abrir um castelo aqui em Cabo Jorge, eu disse: é direito.

E a senhora é testemunha de que nunca atrasei. Aqui está a cota deste mês. *(Entrega um maço de notas a Antonieta.)*

ANTONIETA

Boa bolada.

MATILDE

Se a gente vive do pecado, e o pecado é obra de Satanás, a gente se aproveita dele pra ajudar o povo de Deus; e o Diabo é passado pra trás.

ANTONIETA

Deus deve dar boas gargalhadas.

MATILDE

E deve fazer um descontozinho na nossa conta; estamos trabalhando para Ele também, é ou não é? Mas a gente trabalha satisfeita, quando vê que o negócio está se desenvolvendo, que a clientela está aumentando e que ninguém tem queixa de nosso serviço. A gente faz até sacrifícios pra atender a todos, como nesses últimos dias.

ANTONIETA

A senhora também fez "sacrifícios"?

MATILDE

E não sou eu quem dirijo tudo? E sou sozinha, minha senhora, sozinha. Ah, se eu encontrasse uma pessoa pra me ajudar, uma pessoa de confiança, honesta...

ANTONIETA

Ouvi dizer que a senhora está pensando em abrir uma filial.

MATILDE

Já tenho até a casa, um sobrado perto do cais, com oito quartos. Pode-se dividir cada um em dois, e são dezesseis. Mas o Prefeito não quer dar permissão. Diz que uma casa só dá pra atender ao mercado.

ANTONIETA

Mas quem pode dizer é a senhora, que está no negócio.

MATILDE

E ele sabe que Cabo Jorge já comporta duas casas e até mais.

ANTONIETA

Na semana passada abriram outro cassino, defronte do cemitério. A cidade está progredindo a olhos vistos.

MATILDE

É o Vigário que não quer. Vive fazendo sermão contra nós. Ameaçando a gente com o fogo do Inferno e o espeto do Cão.

ANTONIETA

E vocês ainda ajudam a Igreja.

MATILDE

Mas não adianta não. Esse padre é gira. Recebe o dinheiro e dana de xingar a gente. Sabe como esse povo aqui é metido a puritano. Chegam a bater porta e janela quando eu passo na rua. E fazem o mesmo com as meninas. Ainda outro dia, a senhora não soube? Quiseram apedrejar nossa casa, depois de ouvir uma dessas arengas do Vigário.

ANTONIETA

É uma gente muito atrasada. Não entende que isso é consequência do progresso da cidade.

MATILDE

Depois eu só ia trazer pra cá meninas de bom comportamento, boa saúde e bom caráter. Saiba a senhora que isso hoje em dia não é fácil. Não é mais como no meu tempo, quando se levava a sério a profissão. Hoje é muito difícil encontrar uma profissional que se dê ao respeito. Não há mais disciplina, essas meninas estão com a cabeça cheia de ideias… Chegam até a se voltar contra mim, achando que eu exploro elas. Veja só, minha senhora, eu, que faço tudo, que sou uma mãe pra elas. Claro, tenho de tirar a minha parte, também preciso viver. Mas explorar, nunca explorei. Deus é testemunha. *(Confidencial.)* Veja se a senhora fala com o Major sobre o nosso caso. Se ele mandar, o Prefeito dá o consentimento. E eu sei que ele faz tudo que a senhora quer.

ANTONIETA

Pode deixar, eu vou falar com ele. Afinal de contas, não é justo que por causa de meia dúzia de carolas se trave o progresso da cidade. Cabo Jorge não pode parar.

MATILDE

Pois não é? Porque eu reconheço, minha casa é acanhada, sem conforto, não está à altura da importância da cidade.

ANTONIETA

Desanime não, D. Matilde. Quem abre caminho enfrenta as cobras.

MATILDE

Mas é mesmo pra desanimar. A gente quer contribuir pro adiantamento do lugar, mas qual, a mentalidade dessa gente... Ah, se não fosse a senhora e o Major Chico Manga, Cabo Jorge ainda era aquele borocotó de antes da guerra. Graças a vosmicês, este lugar está se tornando habitável.

ANTONIETA

A senhora também tem colaborado muito.

MATILDE

E não colaboro mais porque não me deixam. Disposição não me falta, graças a Deus. Ah, se eu tivesse do meu lado uma pessoa como a senhora, com o prestígio que a senhora tem aqui, olhe, eu garanto que fazia Cabo Jorge avançar cinquenta anos em cinco.

ANTONIETA

Comigo a senhora pode contar. Claro, dentro de certos limites e conservando todo o sigilo. Compreende, na minha posição...

MATILDE

Ora, minha senhora, o sigilo faz parte do meu negócio.

ANTONIETA

Se não fosse a minha posição, eu até que ia de vez em quando ao castelo dar uma mãozinha...

MATILDE

Se a senhora quiser...

ANTONIETA

Está doida? É só uma tentação que tenho de vez em quando. Maluquice. Oxente, eu sou a viúva de Cabo Jorge, a viúva de um herói.

MATILDE

Desculpe, foi vosmicê quem falou. Eu não ia ter o atrevimento...

ANTONIETA

Esqueça isso. Hoje mesmo entrego ao Vigário a doação.

MATILDE

Muito obrigada. Já escureceu, o movimento lá em casa já deve estar começando, e as meninas estão sozinhas. Boa-noite!

ANTONIETA

Boa-noite!
Matilde sai.

ANTONIETA

(Abre o pequeno embrulho de notas. Folheia-as.) Juros para a conta de Deus.

CORO

No Banco da perdição
Deus tem conta sem limite...
E que importa
se o Banco opera
a juros altos,
se faz negócios
de agiotagem,
se ao fim das contas
os juros vão
ser creditados
na conta de Deus.

TERCEIRO QUADRO

Na praça, dois meninos entram correndo, empunhando armas de brinquedo. Um deles tem uma metralhadora, o outro um revólver.

MENINO DA METRALHADORA

Mãos ao alto!

MENINO DO REVÓLVER

Eu sou Cabo Jorge. Pode atirar.

Menino da Metralhadora aciona a sua arma. Menino do Revólver leva as mãos ao peito e cai teatralmente. Logo se levanta e saem os dois, correndo. Na saída, esbarram em Matilde, que entra, quase derrubando-a.

MATILDE

Meninos da peste! Não enxergam não, seus filhos duma boa senhora!

Um rapaz surge pelo lado oposto da praça, trazendo na mão uma valise. Entra, a passos lentos, olhando em torno, intrigado. Para diante do monumento.

MATILDE

Quase me jogaram no chão, os capetas! Cambada!

RAPAZ

(Lê a inscrição no monumento.) "O povo a seu herói." *(Ele contempla o monumento, intrigado. Dirige-se a Matilde.)* Quem é esse camarada?

MATILDE

É o culpado de tudo isso. Da falta de modos dessa molecada. É o exemplo. Parece que estão todos malucos também.

RAPAZ

Também?...

MATILDE

Um sujeito que oferece o peito às balas, ou é maluco ou é burro.

RAPAZ

Esse...

MATILDE

(Nota a mala.) O senhor é daqui não?

RAPAZ

Quer dizer... estou chegando.

MATILDE

Porque pra gente da terra não se pode falar assim, não. Todos acham que esse cabra foi um batuta. E ficam tão inchados quando falam nele, que até parece que o espírito do Cabo baixou na barriga de cada um. Também, foi a única coisa que aconteceu neste lugar até hoje: aqui se pariu um herói.

RAPAZ

Então a cidade ficou importante.

MATILDE

Sim, pro que era... Eu estou aqui há cinco anos, já faz nove que a guerra terminou...

RAPAZ

(Corrige com muita segurança.) Dez.

MATILDE

Ou dez. Não conheci isto antes da guerra. Mas devia ser o fim da picada. Um cafundó aonde nem o Diabo era capaz de vir fazer piquenique. Nem diversão tinha. Hoje uma pessoa tem aonde ir de noite. Se gosta de jogo, tem o cassino do Hotel e outros por aí. Se é um moço simpático, com cara de mulherengo, tem a minha casa. *(Pisca o olho, significativamente).*

RAPAZ

(Surpreso.) Casa de Raparigas... aqui?

MATILDE

É a única da cidade. Mas respondo por ela. Moças bonitas, experientes, não essas tabaroas, meninas da Capital, da Ladeira do Taboão, escoladas, viajadas...

RAPAZ

E eles permitem?...

MATILDE

Eles quem?

RAPAZ

O Prefeito, o Vigário...

MATILDE

O Prefeito não manda nada. Quem faz e desfaz nesta terra é o Major Chico Manga. É um homem instruído, deputado federal e, aqui entre nós, apesar da idade, louco por um rabo de saia.

RAPAZ

O Major, a senhora sabe se ele está na terra?

MATILDE

Indagorinha mesmo vi ele sair da casa da viúva. Ele pensa que eu não vi... *(Ri.)* Seu menino, o velho é danado...

RAPAZ

Acho que é a primeira pessoa com quem eu devo falar. A senhora sabe onde eu posso encontrar o Major, agora?

MATILDE

Quem podia dizer era a viúva.

RAPAZ

Onde ela mora?

MATILDE

Ali, naquela casa. *(Aponta.)* Depois do Major, é quem manda na cidade. E não é má pessoa, não. Podia ser uma fulana cheia de cangancha. Mas, ao contrário, com ela se consegue tudo.

RAPAZ

Vou até lá, então.

MATILDE

Mas espere. Não vá dizer que fui eu quem mandei.

RAPAZ

Claro.

MATILDE

Pelo amor de Deus, não quero saber de encrenca com a viúva.

RAPAZ

Pode ficar descansada.

MATILDE

E olhe, depois, apareça lá em casa. Gostei de sua cara. Bem se vê que não é daqui. Tem Cara de Anjo.

RAPAZ

Sou capaz até de passar a noite lá, se não encontrar onde dormir.

MATILDE

Vá, que eu dou um jeito. Sabe onde é? Passando a cadeia, a segunda casa. Pergunte pelo "castelo" da Matilde, que todo mundo sabe.

RAPAZ

Está bem. E obrigado pela informação. *(Sai.)*

MATILDE

Ora... Chau, Cara de Anjo.

Os dois Meninos entram correndo. Um deles esconde-se atrás de Matilde, fazendo-a de trincheira, enquanto o outro dispara sua arma.

MENINO DA METRALHADORA

Eu te matei, eu te matei.

MENINO DO REVÓLVER

(Esconde-se atrás de Matilde.) Matou nada, eu estou na trincheira. Esta é a minha trincheira!

MATILDE

É a sua trincheira uma ova, seu corneta! Sai de trás de mim!

MENINO DA METRALHADORA

Mas eu tenho uma bomba atômica e vou acabar com o mundo. *(Faz um gesto de quem atira uma bomba.)*

QUARTO QUADRO

Voltamos à casa de Antonieta. A Surda-Muda acaba de introduzir o Rapaz na sala. Faz sinais para que espere, Antonieta já vem. E sai. O Rapaz arria a valise, corre os olhos em torno, curioso. Antonieta entra.

ANTONIETA

(*Nota a valise.*) Essa minha criada, além de surda e muda é broca; podia ter logo despachado o senhor, não estou querendo comprar nada.

Ela nota que o Rapaz está imóvel, fitando-a quase apalermado. Há um longo silêncio, findo o qual eles se reconhecem quase ao mesmo tempo.

RAPAZ

Você não é?...

ANTONIETA

Valha-me Deus!

RAPAZ

Antonieta!

ANTONIETA

(*Incrédula, tomada do maior espanto.*) Virgem Santíssima!

RAPAZ

Se lembra mais de mim não? Mudei tanto assim?

ANTONIETA

Minha Nossa Senhora da Conceição, me acuda!... Estou vendo alma do outro mundo! *(Leva a mão aos olhos e titubeia, como se fosse desmaiar.)*

RAPAZ

(Segura-a, rindo.) Alma do outro mundo coisa nenhuma. Sou eu mesmo, o Jorge, da república de estudantes, de Salvador...

ANTONIETA

Sim, eu sei, esqueci não. Como é que eu podia esquecer?...

CABO JORGE

(É a criatura humana, com suas grandes qualidades e seus grandes defeitos. Um pouco de anjo, um pouco de verme, mas, sobretudo, o homem, em sua condição mais autêntica, na consciência de sua fraqueza e na determinação de usar de sua liberdade. A ausência nele de algumas virtudes que julgamos essenciais é uma consequência da brutal revelação que teve do mundo em que vivemos. Cabo Jorge pertence a esta nossa geração que, muito antes de chegar à idade da razão, recebeu a notícia, jamais dada a outros antes de nós: o homem adquiriu o poder de destruir a humanidade. Num mundo assim, que poderá desaparecer de um momento para outro, ao simples premir de um botão, certos conceitos de heroísmo, de dignidade, lhe parecem absurdos, ridículos. Em sua volta à cidade natal há, no fundo, um desejo de fugir a esse mundo onde a vida humana quase perdeu o sentido, e uma vontade de reencontrar o significado de sua existência.) Quanto tempo. Mais de dez anos. Nunca podia esperar encontrar você, tanto tempo depois, na primeira casa em que entro. Que houve com você? Como veio parar aqui? Me disseram que aqui morava uma viúva...

ANTONIETA

(Ainda não se refez do choque, e a torrente de perguntas de Jorge parece atordoá-la.) Espere, espere, vamos devagar. Você chega assim e já quer saber tudo. E não explica nada. Você me deixa zonza. Temos de ir com calma. Parte por parte. Quando você chegou?

CABO JORGE

Desci do trem indagora.

ANTONIETA

Ninguém o viu ainda?

CABO JORGE

Ninguém? Você quer dizer gente conhecida? Não, não encontrei nenhum conhecido ainda. Estava à procura do Major Chico Manga, que é meu tio. Uma mulher que encontrei na praça me disse que quem devia saber era uma viúva que morava aqui. Eu podia imaginar tudo, menos encontrar você em casa dessa viúva.

ANTONIETA

E vai ficar ainda mais espantado quando souber que eu sou a viúva.

CABO JORGE

Você? Mas espere... Aquela mulher disse que, depois do Major, você é quem manda na cidade.

ANTONIETA

Modéstia à parte, mando mesmo. Escute, essa tal mulher não reconheceu você?

CABO JORGE

Como, se ela nunca me viu mais gordo? Disse que é dona de um *rendez-vous*. Isso aqui mudou muito.

ANTONIETA

Mais do que você pensa.

CABO JORGE

Quem havia de dizer. Uma gente tão carola, tão cheia de nó pelas costas...

ANTONIETA

A cidade progrediu muito desde que... desde que você saiu daqui.

CABO JORGE

Estou vendo. A cidade e você também. Quem te viu e quem te vê. Lembra-se dos tempos da pensão, lá em Salvador?

ANTONIETA

Se me lembro.

CABO JORGE

Com saudade?

ANTONIETA

Então.

CABO JORGE

Você não tinha a vida que parece ter hoje. Não era a viúva mandachuva. Seu marido morreu há muito tempo?

ANTONIETA

Um bocado.

CABO JORGE

Algum coronel?

ANTONIETA

(Embaraçada.) Não, era um rapaz moderno. Morreu há dez anos.

CABO JORGE

Esteve pouco tempo casada.

ANTONIETA

Muito pouco. Coisa de nada.

CABO JORGE

Não faz muito mais de dez anos que nos conhecemos. Onze anos, se tanto.

ANTONIETA

Logo depois eu me casei.

CABO JORGE

Não foi com nenhum dos estudantes lá da república... Eu sei que não era o único... Você não dava exclusividade a ninguém... Até diziam que você era a arrumadeira ideal: arrumava os quartos e a vida da gente.

ANTONIETA

(Ri.) Eram bons rapazes, e eu tinha pena deles.

CABO JORGE

Ah, era por piedade...

ANTONIETA

Não me custava nada, e todos tinham tanto prazer nisso. Eu também tinha. E naquele tempo não entendia por que devia me recusar a dormir com um rapaz, se esse rapaz me agradava, e eu não tinha outro em minha cama. Não compreendia por que devia machucar, quando podia dar prazer. Eles ficavam tão felizes. E eu, uma simples criada, que podia desejar mais? Era tão importante pra eles aquilo que me custava tão pouco. Por que eu ia negar?

CABO JORGE

Você era uma pequena engraçada. Me lembro da última vez que você foi ao meu quarto.
Muda a luz. Agora, apenas o sofá está iluminado, e o estudante Jorge *está deitado nele. Antonieta, de pé, tem um lenço na cabeça.*

ANTONIETA

Verdade? Você vai pra guerra?

JORGE

É, fui convocado.

ANTONIETA

Que maçada, não? Quando tem de partir?

JORGE

Não sei. Tenho de me apresentar amanhã ao Quartel-General.

ANTONIETA

Quando me disseram, fiquei com tanta pena que não pude deixar de vir aqui. Imaginei que você estivesse muito amolado e precisando de mim.

JORGE

Que é que você pode fazer?

ANTONIETA

Claro, guerra é guerra, os grandes é que decidem, ninguém pode fazer nada. E pode ser até que você esteja gostando de ir. Vai viajar, conhecer outros países, outras mulheres. Dizem que as italianas fazem miséria na cama. Meninas de doze anos já são mulheres escoladas.

JORGE

Você imagina a guerra como uma grande farra.

ANTONIETA

Estou inventando não, li numa revista do Rio. E quem sabe se você não vai voltar com o peito cheio de medalhas? Eu vi um filme de Gary Cooper, ele sozinho prendia mais de trinta.

JORGE

Vão à merda, você e Gary Cooper!

ANTONIETA

Você não gosta de Gary Cooper?

JORGE

(Grita.) Vá-se embora!

ANTONIETA

(Chocada.) Vim pra ficar com você. É sua última noite aqui, pensei que você quisesse.

JORGE

Quero ficar só.

ANTONIETA

Estava querendo lhe animar. Eu sei que a guerra é uma coisa muito pau. Foi por isso que vim ficar com você. Pra você não pensar esta noite. O Mauro queria que fosse ao quarto dele, eu não fui. Achei que você tinha mais direito. Mas se você não quer, eu vou-me embora. Mauro também está muito triste, coitado. Escreveram lá do Ceará dizendo que a noiva dele é uma galinha, anda com todo mundo. Ele está desesperado. Pensando bem, eu não sei o que é pior, se é ser corno, ou ser convocado.

JORGE

Está bem. Então tire a roupa e deite aqui. Mas não fale. Não fale.
Muda a luz. Cabo Jorge levanta-se do sofá, e Antonieta tira o lenço da cabeça.

CABO JORGE

Sempre imaginei que você sentisse alguma coisa por mim. Que não ia ao meu quarto como ia ao quarto dos outros.

ANTONIETA

Acho... acho que você pode pensar assim até que as coisas fiquem mais claras.

CABO JORGE

Que coisas?

ANTONIETA

Minha situação, sua situação, a situação de todos.

CABO JORGE

Entendo não.

ANTONIETA

Engraçado: você chega assim, de repente, sem avisar, depois de dez anos, e já quer entender tudo. Em dez anos, muita coisa acontece. Uma mulher pode parir nove filhos, sem ser nenhum fenômeno.

CABO JORGE

Nove filhos? Todos do Major?!

ANTONIETA

Não, homem!

CABO JORGE

Vários pais...

ANTONIETA

Não seja besta! Estou falando em sentido figurado. Pra que você entenda que não se pode desenrolar em dez minutos uma coisa que foi enrolada durante dez anos.

CABO JORGE

Você fala como se eu estivesse pedindo explicações. Não tenho nada com a sua vida. E não pense que pretendo me aproveitar da situação. Não sou nenhum canalha. Se minha presença aqui vai lhe causar problema, faz de conta que não nos conhecemos. Uma noite ou outra, se você quiser, posso vir por aqui, quando o Major não estiver, é claro...

ANTONIETA

Ele viaja muito...

CABO JORGE

(Abraça-a.) Podemos então recordar os velhos tempos da pensão.

ANTONIETA

Sinto tanta falta de carinho.

CABO JORGE

O velho não dá mais conta do recado? *(Puxa-a para o sofá.)*

ANTONIETA

Você sabe que eu sempre fui muito exigente.

CABO JORGE

Em amor, quem muito exige é que muito tem a dar...
Eles se beijam, demorada e libidinosamente. Muda a luz. O sofá fica na penumbra. Na tela, num flashback, surge a cena do comício inicial, com o Major discursando.

MAJOR

Não fiz mais do que me mostrar digno de Cabo Jorge — símbolo da coragem, da virilidade e do espírito de sacrifício dos homens desta terra, do mesmo modo que aquela a quem deixou viúva é o símbolo da pureza e da honestidade de nossas mulheres.

QUINTO QUADRO

A cena está vazia.

MAJOR

(Fora de cena.) Não acredito. Não acredito.

ANTONIETA

(Idem.) Juro, homem de Deus. Pelo que há de mais sagrado! *(Entra, em trajes íntimos, procurando conter o Major.)*

MAJOR

Você está com um homem no quarto e inventou essa história. Não sou nenhum corno manso pra ir nessa conversa. *(Saca o revólver.)* Arreda da minha frente. Vou pregar duas balas nesse gigolô, e depois nós acertamos as nossas contas.

ANTONIETA

E se for ele? Se for Cabo Jorge?

MAJOR

Só se morre uma vez na vida.

ANTONIETA

Pois então olhe daqui. Ele está dormindo.

MAJOR

(Olha na direção que ela aponta.) Lá está o patife, esparramado...

ANTONIETA

Não atire!

MAJOR

Nunca matei um homem pelas costas, muito menos dormindo.

ANTONIETA

Olhe bem, veja se não é ele.

MAJOR

(Apura a vista.) É... parece... Se não é ele, é o Cão disfarçado nele.

ANTONIETA

Já que você não acredita em mim, acredite ao menos nos seus olhos.

MAJOR

(Muito abalado.) É mesmo muito parecido.

ANTONIETA

Não é parecido, é ele, homem. Será que ainda não se convenceu?

MAJOR

Espere, isso não é assim. Um homem vira estátua, vira fita de cinema, de repente aparece em cuecas, de bunda pra cima, na cama de minha amante...

ANTONIETA

Eu estou dormindo aqui no sofá, é claro.

MAJOR

Não acho nada claro. Principalmente ele estar dormindo em sua cama.

ANTONIETA

E o que era que você queria que eu fizesse? Que botasse ele pela porta afora?

MAJOR

A cidade tem hotel.

ANTONIETA

E garanto que a cidade inteira já estava sabendo que ele está vivo. Antes da gente dar um jeito nesta situação.

MAJOR

Que situação?

ANTONIETA

A minha, oxente! Sou viúva de um homem que não morreu e nunca foi meu marido. Agora o homem está aí. Quero ver como vamos explicar isso a ele. A ele e a todo mundo, porque amanhã a notícia vai correr de boca em boca.

MAJOR

(Compreendendo por fim a gravidade da situação.) Vai não. Ninguém deve saber! É preciso que ele não saia daqui, que não apareça a ninguém. Até eu decidir o que vamos fazer. Não é só o seu caso, não, a volta desse rapaz vai criar muitos casos.

ANTONIETA

Foi o que eu percebi logo. Por isso não deixei que ele saísse à sua procura, como ele queria.

MAJOR

(Agora cada vez mais preocupado.) Fez bem. Bastava que alguém reconhecesse ele na rua pra que a notícia se espalhasse.

ANTONIETA

Se bem que, mais cedo ou mais tarde, vão ter de saber.

MAJOR

Mas não antes de tomarmo certas providências.

ANTONIETA

Quais?

MAJOR

Sei lá. É uma situação tão absurda, que estou incapaz até de raciocinar. Ele não explicou onde esteve esse tempo todo, não disse por que não morreu, como devia?

ANTONIETA

Não houve tempo.

MAJOR

Como?

ANTONIETA

Ele chegou muito cansado. Caiu na cama e dormiu.

MAJOR

Não era bom acordá-lo agora e saber logo tudo?

ANTONIETA

Era não, coitado. Ele está exausto. Deixe que durma até de manhã. Assim também ganhamos tempo pra pensar.

MAJOR

Nesse caso, vou dormir aqui, e amanhã cedo...

ANTONIETA

Dormir aonde? Estou ocupando o sofá. E você quer que ele saiba logo da nossa ligação?

MAJOR

Não, ele não deve saber disso.

ANTONIETA

Complicava ainda mais as coisas. O melhor é você vir amanhã cedo.

MAJOR

Mas não deixe ele sair, nem falar com ninguém, antes de eu chegar.

ANTONIETA

Pode ficar sossegado.

MAJOR

(Olha na direção do quarto.) Mas o certo era ele estar no sofá e você na cama.

ANTONIETA

Ele está com o corpo moído da viagem...

MAJOR

Como engordou, o safado. Está com uma bunda enorme. *(Sai, um tanto desconfiado. Antonieta arruma-se um pouco e sai na direção do quarto.)*

SEXTO QUADRO

Amanhece. Cabo Jorge entra. A Surda-Muda observa-o, a distância, com certa estranheza. Cabo Jorge mergulha no jato de sol, cerra os olhos, e seu rosto revela um prazer físico. Súbito, percebe que a Surda-Muda o observa, procura justificar-se.

CABO JORGE

Sol! Gosto de sol! *(Sai e aparece na praça. Dá uma volta em torno do monumento, aspirando fundo o ar da manhã. Ele é todo disposição, vontade de viver.)*
O Vigário entra e atravessa a praça, muito apressado.

CABO JORGE

(Ao vê-lo.) Mas é o Padre Lopes... *(Chama-o.)* Padre!
O Vigário se detém.

CABO JORGE

Padre, sou eu! Não me reconhece não?

VIGÁRIO

Perdão, mas...

CABO JORGE

Não se lembra mais de mim? Fui seu aluno de catecismo...

VIGÁRIO

(Não o reconhece.) Oh, sim, sim, Deus o abençoe. *(Sai.)*
Cabo Jorge fica um tanto chocado. Muda a luz. Antonieta surge na sala.

ANTONIETA

Onde está ele? *(Faz gestos para a Surda-Muda.)* O rapaz? Você viu?
A Surda-Muda indica, com gestos, que Cabo Jorge saiu.

ANTONIETA

Saiu? Meu Deus, ele não pode sair. *(Corre para a porta, no momento em que Cabo Jorge volta.)* Aonde você foi?

CABO JORGE

Dar um giro na praça.

ANTONIETA

Você é louco...

CABO JORGE

Quem parece que está louco é o Vigário: me viu e nem parou pra falar comigo.

ANTONIETA

Pronto. Agora a cidade inteira vai saber...

CABO JORGE

Que eu voltei?

ANTONIETA

Sim.

CABO JORGE

E que tem isso?

ANTONIETA

O Major não quer. Precisa antes conversar com você.

CABO JORGE

Ele já sabe que eu cheguei?

ANTONIETA

Esteve aqui. Você estava dormindo, ele ficou de voltar agora de manhã. Pra lhe dar conta de umas coisas que aconteceram aqui, na sua ausência.

CABO JORGE

Já sei: fui dado como desertor. Mas fui anistiado, não fui? Me disseram, na Itália, que havia saído um decreto de anistia.

ANTONIETA

Sei não. Disso eu não sei. O que o Major acha é que é preciso preparar o espírito do povo para a volta de Cabo Jorge.

CABO JORGE

Cabo Jorge... Por que me chama de *Cabo* Jorge?

ANTONIETA

Você não foi Cabo?

CABO JORGE

Fui, mas... você me conheceu antes... Por que todos me chamam agora de Cabo Jorge? Quando o trem parou na Estação, alguém gritou "Cabo Jorge"! Julguei que fosse algum antigo companheiro de batalhão, durante a guerra. Procurei, cheguei a gritar: "Quem me chamou?" Mas ninguém respondeu. Saltei e o trem partiu. Achei estranho.

ANTONIETA

Pois é bom que vá se habituando porque é assim que você é conhecido aqui, em Cabo Jorge.

CABO JORGE

Aqui, em Cabo Jorge?

ANTONIETA

Oxente, gente. Será que você não sabe, ao menos, que é este agora o nome da cidade?

CABO JORGE

Sabia não. Como é que podia saber? Estive na Europa todos esses anos. Mudaram o nome da cidade?

ANTONIETA

Pra Cabo Jorge.

CABO JORGE

Mas por quê?

ANTONIETA

Você esteve na praça?

CABO JORGE

Estive...

ANTONIETA

Viu lá um monumento?

CABO JORGE

Vi... Um soldado ferido.

ANTONIETA

O soldado é Cabo Jorge.

CABO JORGE

Estou começando a entender... Pensam que eu...

ANTONIETA

Você deu a vida pela Pátria, homem. *(Como quem repete um discurso.)* Atirou-se de peito aberto contra as balas nazistas e tombou como um herói. Foi o primeiro soldado brasileiro a morrer em defesa da liberdade e da democracia.

CABO JORGE

Estou achando que há um mal-entendido em tudo isso.

ANTONIETA

É o que eu também acho.

CABO JORGE

Pensam que eu morri. E que morri desse modo!

ANTONIETA

Uma beleza. Se você visse a fita.

CABO JORGE

Fita?

ANTONIETA

Então, menino. Fizeram uma fita de sua vida. Passou aqui, e eu fui homenageada. O Major fez um discurso tão bonito, que todo mundo chorou. O artista que fez o seu papel veio na estreia. Que decepção. Um pedaço de homem daquele... desperdício da natureza.

CABO JORGE

(Ele está atônito.) É espantoso! Espantoso!

ANTONIETA

Mas na fita ele não parecia nada...

CABO JORGE

Estou zonzo... não sei como puderam inventar toda essa história. *(Subitamente, começa a rir.)* Herói... virei herói... imagino a cara dessa gente agora, quando me vir. Vão passar sebo nas canelas, pensando que é assombração.

ANTONIETA

(Ri também.) Pensando bem, vai ser engraçado. Mudaram o nome da cidade, levantaram estátua, escreveram livro, reportagem, fizeram fita de cinema... e você está vivo. Tanto discurso, tanta festa, tanta coisa...
Cabo Jorge solta uma enorme gargalhada e é acompanhado por Antonieta.

CABO JORGE

(*Salta para cima duma cadeira.*) Senhoras e senhores, aqui está o batuta, de corpo inteiro. Não morreu, como julgam, porque não há nada de heroico na morte. Está vivo! Vivo, graças à sua inteligência e a uma qualidade fundamental de todo ser humano, o cagaço! Teve medo. Mas não um medinho bocó, como qualquer babaquara é capaz de ter. Teve um medo enorme, um medo danado, um medo pai-d'égua, como só um herói era capaz de sentir. Nisso está o seu grande mérito, e sua valentia, pois é preciso coragem, muita coragem, pra sentir um medo tão grande. Ah!, se todos os homens fossem capazes de um medão assim, não haveria no mundo lugar pros covardes, e a guerra seria enxotada da face da terra. Ele merece uma estátua, sim, dezenas, centenas de estátuas, pois no mundo de hoje, somente os encagaçados podem salvar a humanidade!

Ele e Antonieta soltam enormes gargalhadas, quando surge o Major.

CABO JORGE

Tio Chico!
O Major está estatelado, surpreso com o que vê.

CABO JORGE

(*Salta de cima da cadeira e vai ao encontro do Major.*) Sou eu mesmo, tio, morri não.

MAJOR

E pelas gaitadas parece que vocês acham isso muito engraçado.

CABO JORGE

(*Um tanto chocado.*) Talvez não seja, mas pensei que o senhor se alegrasse, ao menos.

MAJOR

(*Humaniza-se.*) Claro. Claro que me alegro. Sua tia também.

CABO JORGE

Tia Candinha, como vai?

MAJOR

Sempre de cama, cheia de complicações. Um dia é a enxaqueca, no outro o beribéri. Mas chorou de alegria quando lhe disse, esta noite, que você não tinha morrido e estava na cidade. Queria por força que levasse você pra lá agora.

CABO JORGE

Podemos ir. Estou louco para rever tia Candinha, a fazenda, o pessoal. O negro Feliciano ainda é vivo?

MAJOR

É. Mas está muito velho, coitado.

CABO JORGE

Vai morrer de alegria quando souber que estou de volta. E "Nero"?

MAJOR

Morreu, há dois anos. Tive de matar.

CABO JORGE

Raiva?

MAJOR

É.

CABO JORGE

Tive um cachorro parecido com ele, na Itália. No navio, de volta pro Brasil, às vezes acordava de noite, ouvindo ele latir. Não há nada mais triste no mundo do que a gente se separar de um cão. Mas vamos...

MAJOR

(Corta.) Não, não. Por enquanto, é melhor você não sair daqui.

CABO JORGE

Por quê?... Que mal há?...

MAJOR

(Para Antonieta.) Você contou tudo a ele?

ANTONIETA

Metade só.

CABO JORGE

Já sei que fizeram de mim um herói, com estátua e tudo. *(Ri.)*

MAJOR

Não acho que seja caso pra rir.

CABO JORGE

Então não é engraçado? Se há vocação que eu nunca tive, é essa, pra valente. Na guerra, não sabe, no primeiro pega pra capar, tive tanto medo, que numa hora lá abandonei a trincheira e saí correndo feito louco.

MAJOR

(Estarrecido.) Foi assim, então...

CABO JORGE

Vocês não sabem o que é um bombardeio. Nem de longe. Eu tive um aluamento passageiro, mas sei de muitos que endoidaram de vez.

MAJOR

Que é que você chama de "aluamento passageiro"?

CABO JORGE

Aquilo que eu tive. Fiquei zoró de repente e... não sei o que aconteceu. Quando voltei a mim estava deitado de barriga pra baixo num campo deserto. Tinha uma bala cravada no ombro e uma sede de matar. Saí me arrastando, mas só no dia seguinte pude alcançar uma vila italiana perdida nas montanhas. Foi aí que consegui socorro e me acoitei até o fim da guerra.

ANTONIETA

Foi preso não?

CABO JORGE

No caminho, não sabe, encontrei um camponês morto e troquei com ele a minha farda. Quando me perguntavam, depois, dizia que era português. *(Ri.)*

MAJOR

Não procurou voltar pro seu batalhão?

CABO JORGE

E era fácil? Eu não fazia nem ideia do caminho. E depois, se eu tinha fugido do Inferno, por que ia voltar pra ele?

MAJOR

Você era um soldado.

CABO JORGE

E eu nasci soldado?

MAJOR

Ninguém nasceu. Mas muitos souberam morrer como soldados.

CABO JORGE

Não vai querer me passar sermão agora, vai? Sei que, na sua opinião, o que fiz foi indigno. Talvez tenha feito coisas ainda piores pra não morrer. E o que fizeram comigo, em nome da democracia, da liberdade, da civilização cristã e de tantas outras palavras, palavras, nada mais que palavras? Ora, não me venham com acusações porque, eu sim, se quisesse, tinha muito que acusar.

ANTONIETA

Mas por que não voltou ao Brasil logo que terminou a guerra?

CABO JORGE

Pensei que tivesse sido dado como desertor. Tive medo de ser preso.

MAJOR

Medo, medo. Medo de morrer, medo de ser preso.

CABO JORGE

Todo homem tem medo.

MAJOR

Vai ser muito difícil fazer o povo daqui acreditar que Cabo Jorge teve medo algum dia.

CABO JORGE

Esse Cabo Jorge que vocês inventaram é ridículo.

MAJOR

O que não é ridículo é fugir, desertar?

CABO JORGE

Pelo menos tem uma razão, um cabimento. Enquanto eu fugia, sabia por que estava fugindo. Ao passo que antes... nunca consegui entender por que estava ali.

ANTONIETA

(Imbecilmente.) É claro, quem é que entende?
A Surda-Muda surge na porta e faz sinais de que há alguém lá fora.

ANTONIETA

Tem gente aí.

MAJOR

Ninguém deve ver você, por enquanto.

CABO JORGE

Mas por quê? Eu não voltei pra ficar escondido.

ANTONIETA

(Interpretando os sinais da Surda-Muda.) É mulher.

MAJOR

Pior ainda. Esconda-se, depressa.
Cabo Jorge sai. O Vigário entra, muito excitado.

ANTONIETA

Ah, é o Vigário. Bênção, Padre.

VIGÁRIO

Deus o abençoe. Bom-dia!

MAJOR

Bom-dia, Padre. Vexado?

VIGÁRIO

É bom que o Major esteja presente, assim mato dois coelhos de uma paulada. O primeiro é o que anda correndo aí pela cidade sobre a abertura de uma nova casa de tolerância. Então não basta uma pra cobrir a gente de vergonha? Basta não?

MAJOR

Seu Vigário deve compreender...

ANTONIETA

É o progresso.

MAJOR

A cidade cresce.

ANTONIETA

Tudo cresce.

VIGÁRIO

Será possível que a senhora também esteja de acordo?!

ANTONIETA

Estou não. Duas casas de tolerância: acho tolerância demais.

VIGÁRIO

Tolerância demais das autoridades que vão permitir essa imoralidade.

MAJOR

Ninguém vai permitir, dou minha palavra de honra. Já falei com o Prefeito, a pretensão das Raparigas não vai ser atendida, já que o Vigário se opõe.

VIGÁRIO

Muito obrigado. Não esperava outra coisa do senhor.

MAJOR

Se bem que o Prefeito também tenha lá os seus poréns. Precisamos incentivar o turismo. E turista nenhum vem a uma cidade sem divertimentos.

VIGÁRIO

Creio que podemos arranjar divertimentos mais sadios para os turistas.

MAJOR

Seja lá como for, o caso está resolvido. A abertura do novo castelo fica, pelo menos, adiada. Só peço ao Vigário que não fique fazendo sermões todos os dias contra as pobres Raparigas. Que diabo, elas estão cumprindo religiosamente o combinado.

ANTONIETA

Ontem mesmo Matilde, a casteleira, esteve aqui e deixou a cota do mês. *(Entrega o dinheiro ao Vigário.)* Olhe aqui.

VIGÁRIO

Não tenho o direito de recusar donativos para a Igreja, venham de onde vierem. Mas isso não quer dizer que concorde com esse comércio em minha paróquia, nem que isso me obrigue a calar a boca. Vou continuar fazendo sermões contra essas mulheres, e se o Prefeito der permissão para abrirem um novo bordel — que Deus me perdoe — reúno todas as Beatas da cidade e vou arrebentar com ele à porrada.

ANTONIETA

Oxente, padre!

VIGÁRIO

Chega de safadeza!

MAJOR

Não há razão pro senhor se exaltar. Já disse que o caso está encerrado.

VIGÁRIO

Está bem, confio na sua palavra. Vamos ao segundo assunto. Esse é com D. Antonieta e diz respeito ao seu falecido esposo. Aconteceu hoje uma coisa que me deixou meio abilolado. Certeza, certeza eu não tenho, mas, de qualquer maneira, embora pareça absurdo…

ANTONIETA

Já sei, o senhor viu Cabo Jorge na praça.

VIGÁRIO

(Perplexo.) Então era ele mesmo?!

MAJOR

Você deixou ele sair?

ANTONIETA

Que é que você quer que eu faça? Não posso amarrar o homem na minha saia.

VIGÁRIO

Mas como foi isso? Ele não morreu?

ANTONIETA

Desde quando os mortos andam passeando na praça?

VIGÁRIO

E eu, que à primeira vista, não o reconheci. Também, como é que podia imaginar? Só quando já ia longe caí em mim e disse cá comigo: "Virgem Santíssima, aquele rapaz era Cabo Jorge escarrado e cuspido." Voltei à praça e não vi mais ninguém. Aí foi que eu fiquei desnorteado. Resolvi então vir aqui conversar com D. Antonieta.

MAJOR

O senhor não falou com mais ninguém?

VIGÁRIO

Só com o Prefeito.

MAJOR

Logo ele, que fala mais que o negro do leite.

VIGÁRIO

Imaginem que ele achou que eu estava ficando gira. Frisei que a pessoa tinha dito: "Não se lembra mais de mim? Fui seu aluno de catecismo..." Não podia ser uma assombração.

MAJOR

Agora aquele idiota já botou a boca no mundo.

VIGÁRIO

Ele ficou muito vexado e disse que ia procurar o senhor.

MAJOR

Tomara que procure antes de falar com alguém.

VIGÁRIO

Por quê?

MAJOR

O senhor ainda pergunta por quê? Imaginou ainda não o que vai acontecer?

VIGÁRIO

Ah, sim, com a volta dele. Vai ser um deus nos acuda, ninguém vai acreditar. Mas quando se convencerem, vai ser uma festa.

MAJOR

Tenho cá as minhas dúvidas.

VIGÁRIO

Quem sabe? Podíamos até emendar as festas da primeira comunhão com as da...

ANTONIETA

Da ressurreição.

VIGÁRIO

Na verdade, é quase uma ressurreição, quase um milagre. Depois de tanto tempo... É coisa mesmo pra se comemorar, com missa em ação de graças, quermesse e tudo.

ANTONIETA

Se o Vigário andar depressa, pode até impedir que desarmem as barraquinhas.

VIGÁRIO

Isso mesmo. Aproveitamos as quermesses, a decoração da Igreja.

ANTONIETA

A Matilde também enfeitou a rua dela com bandeirinhas; dizer a ela pra não tirar.

MAJOR

(Irônico, irritado.) Não querem também dar um *show*?

ANTONIETA

Boa ideia: um *show*.

VIGÁRIO

No cinema, em benefício da paróquia.

ANTONIETA

Ou na praça, junto da estátua.

VIGÁRIO

Talvez o próprio Cabo Jorge pudesse participar. Me lembro que quando era menino cantava no coro da Igreja. E tinha boa voz.

ANTONIETA

Ele viveu na Itália, deve saber canções napolitanas.
O Prefeito entra, muito espantado.

VIGÁRIO

Vai ser um 2 de julho, seu Major! *(Ao ver o Prefeito.)* Não lhe disse? Cabo Jorge está vivo.

PREFEITO

Menino! Verdade mesmo?!

ANTONIETA

E vamos fazer um forrobodó pra comemorar.

MAJOR

E depois?

ANTONIETA

Depois?...
Ninguém entende o sentido da pergunta do Major.

MAJOR

(Repete, mais forte.) E depois? Depois, seu Prefeito?

PREFEITO

Eu... Sei de nada não, estou chegando agora...

MAJOR

Atentem nisso: há dez anos que esta cidade vive de uma lenda. Uma lenda que cresceu e ficou maior que ela. Hoje, a lenda e a cidade são a mesma coisa.

ANTONIETA

Que tem isso? Você acha que...

MAJOR

Na hora em que o povo descobrir que Cabo Jorge está vivo, a lenda está morta. E com a lenda, a cidade também vai morrer.

VIGÁRIO

É possível que haja um certo choque, uma desilusão. Mas que serão compensados pela alegria de se saber que ele voltou.

MAJOR

Alegria? O Vigário acha mesmo que alguém vai se alegrar com isso?

VIGÁRIO

Oxente, ele deve ter deixado aqui alguns amigos, foi quase noivo de D. Lilinha... *(Para Antonieta:)* Desculpe...

MAJOR

Casos isolados. E mesmo assim, duvi-dê-ó-dó. A verdade é que ninguém pode se alegrar com a volta de um homem que vai fazer todo mundo passar por um vexame.

VIGÁRIO

Vexame?

MAJOR

O vexame de ter cultuado, durante dez anos, o nome de um desertor — com perdão da palavra — de um cagão.

ANTONIETA

Mas que culpa tem ele, coitado?

MAJOR

Não se trata agora de saber quem é ou não é culpado. O que importa é que ele vem destruir tudo, tudo o que se fez nesses dez anos.

PREFEITO

É o que eu acho também.

VIGÁRIO

Sim, muita coisa tem de ser mudada...

MAJOR

Começando pelo nome da cidade.

ANTONIETA

E por que não pode continuar sendo Cabo Jorge? Só porque ele não é mais herói? Nem toda cidade tem nome de herói.

MAJOR

Porque quando a verdade for contada, o mundo inteiro vai mangar de nós. A lenda vai virar anedota. E toda vez que se falar em Cabo Jorge vai haver uma gargalhada. Vamos ser gozados por todo o mundo!

PREFEITO

(Muito preocupado.) Vamos ter também que tirar da praça o monumento.

MAJOR

Claro, vai virar piada.

PREFEITO

Mas o que é que vamos fazer com ele?

ANTONIETA

Se não fosse o fuzil, talvez se pudesse aproveitar na Igreja, como imagem de S. Jorge...

VIGÁRIO

Que blasfêmia!

ANTONIETA

S. Jorge também foi guerreiro, oxente!

VIGÁRIO

Mas, que eu saiba, nunca sentou praça no exército.

ANTONIETA

Porque é uma pena jogar no lixo uma estátua tão bonitinha que, além do mais, foi feita com o dinheiro do povo, em coleta pública.

MAJOR

Isso é que é o pior.

PREFEITO

Em que situação vamos ficar, nós que lançamos a campanha...

ANTONIETA

Aliás, dizem que essa campanha pelo monumento ajudou muito a eleição do Prefeito...

PREFEITO

Calúnia. Ainda tive de botar dinheiro do meu bolso. Está aí o Major que não me deixa mentir.

MAJOR

Não deixo mesmo não. Se dinheiro saiu do seu bolso, voltou em dobro.

PREFEITO

Juro pela Virgem Santíssima...

MAJOR

Não meta a Virgem nessa história, seu Silveirinha, que vão acabar duvidando da virgindade dela. Desculpe, seu Vigário...

VIGÁRIO

A verdade é que em nome de Cabo Jorge muita pouca-vergonha tem sido praticada.

MAJOR

Bem. Eu acho que vocês já entenderam: temos de tomar uma decisão.

PREFEITO

Sobre o quê?

MAJOR

Sobre ele.

VIGÁRIO

Entendo não.

MAJOR

Vocês acham que ele pode voltar?

ANTONIETA

Já voltou.

MAJOR

Só nós sabemos disso. Só nós sabemos que ele está vivo.

PREFEITO

Isso é verdade...

MAJOR

E se deixarmos que ele volte, que todo mundo saiba de sua galinhagem, seremos também responsáveis pelo que possa acontecer.

PREFEITO

É uma responsabilidade muito grande.

MAJOR

Do tamanho da bomba que vai explodir sobre a cidade.

PREFEITO

O povo pode se enraivecer. E é capaz de haver um pega pra capar.

MAJOR

Duvido não.

ANTONIETA

Mas por quê?... Ele não tem culpa de nada.

PREFEITO

Como não? Basta estar aqui, vivo, quando todos pensam que morreu pela Pátria.

ANTONIETA

O senhor também está aqui, vivo, sem morrer pela Pátria. Também o Vigário e o Major.

PREFEITO

Mas nenhum de nós é herói, nenhum ganhou estátua.

MAJOR

Nenhum fez a cidade festejar, com foguetes e banda de música, seu nascimento, sua morte, sua primeira comunhão. Nenhum acendeu no peito de cada cidadão um falso orgulho, que agora vai ser substituído pelo ridículo e pela vergonha.

ANTONIETA

Também, não fosse isso, e ninguém tinha tomado conhecimento deste cafundó de Judas.

VIGÁRIO

Isso é verdade: seja lá como for, foi graças a ele que a cidade cresceu, ficou famosa, adiantou-se. Se bem que o pecado também tenha se adiantado muito.

ANTONIETA

Sem ele, não se tinha a estrada.

VIGÁRIO

O castelo de Matilde.

ANTONIETA

Os três hotéis que temos hoje.

VIGÁRIO

Com os três cassinos.

ANTONIETA

Sem ele, a gente não estava hoje vendendo azeite de dendê pro Brasil inteiro.

VIGÁRIO

Sem ele, os gringos não tinham comprado o xarope de crista de galo que seu Dodó inventou.

ANTONIETA

E não tinham montado essa indústria farmacêutica que é um orgulho.

MAJOR

Muito bem. E agora, ele volta. A estrada, que ainda está no meio...

PREFEITO

Vai ficar no meio...

MAJOR

A fábrica de xarope...

PREFEITO

"Enfrente a vida com disposição, coragem e energia, tome Fortificante Cabo Jorge e dê cabo da anemia."

MAJOR

Vai à falência.

PREFEITO

Os cassinos vão ficar às moscas.

MAJOR

E os hotéis vão ter que fechar.

PREFEITO

E o turismo. Pensem no turismo. Já estava dando uma boa renda ao município. Vai tudo por água abaixo.

ANTONIETA

Só resta o azeite de dendê.

MAJOR

Talvez sirva pra azeitar a nossa vergonha.

ANTONIETA

Só se ele fosse pra outra cidade. Salvador, Rio de Janeiro...

MAJOR

Muito perigoso. Mais cedo ou mais tarde era descoberto. Dava no mesmo.

ANTONIETA
Voltar pra Itália?

MAJOR
Era o mais seguro.

VIGÁRIO
E se ele não estiver de acordo?

MAJOR
Vai ter que estar.

PREFEITO
Explicamos a situação, apelamos pro seu bom senso, pro seu patriotismo.

ANTONIETA
E, em último caso, oferecemos algumas vantagens.

VIGÁRIO
Dinheiro?

MAJOR
É justo.

ANTONIETA
Se ele voltar, vamos perder muito mais.

MAJOR
(Para Antonieta:) Vá dizer a ele que pode vir.
Antonieta sai.

PREFEITO
Só que, se ele voltar pra Itália, ela vai ter que ir também.

MAJOR
Por quê?

PREFEITO
Porque é mulher dele, oxente! A não ser que...

MAJOR

Que o quê?

PREFEITO

Que ela não queira.

MAJOR

(Um pouco irritado.) Bem, esse é um caso a estudar.
Entram Cabo Jorge e Antonieta.

CABO JORGE

Padre Lopes! Seu Silveira! Como vai Lilinha?

PREFEITO

Bem... vai ficar contente com a sua volta.

CABO JORGE

Deve estar zangada comigo. Eu nunca escrevi. Mas quando eu explicar a situação ela vai compreender.

PREFEITO

Claro, claro, todo mundo compreende.
Há uma pausa. Major, Vigário e Prefeito se entreolham, um esperando que o outro tome a iniciativa de falar.

MAJOR

Era melhor que o Vigário falasse.

VIGÁRIO

Não, acho que o Prefeito, como autoridade máxima...

PREFEITO

Mas o Major é tio dele...

MAJOR

Não é um caso de família.

ANTONIETA

Bem, se ninguém tem coragem de falar, falo eu. Eles querem que você volte pra Itália.

CABO JORGE

Como é?! Pois se ainda nem cheguei!

VIGÁRIO

Acham que você vem atrapalhar a vida de muita gente.

MAJOR

Não só de muita gente, de uma cidade inteira.

PREFEITO

Ia ser uma calamidade.

ANTONIETA

Assim como um terremoto.

VIGÁRIO

Ou um castigo.

CABO JORGE

Entendo não. Como é que eu sozinho posso fazer tudo isso? Só porque vão ver que não sou o super-homem de história em quadrinhos que vocês inventaram?

MAJOR

Ninguém inventou.

PREFEITO

Não é que a gente tenha, pessoalmente, qualquer coisa contra você.

MAJOR

Claro, ficamos até muito contentes com sua volta, em saber que está vivo, com saúde...

PREFEITO

Mas a cidade, pense na cidade; esse povo, pense nele...

CABO JORGE

Em mim, ninguém pensa?

MAJOR

Você não tem nada a perder. Pagamos sua passagem de volta e talvez até se consiga algum dinheiro pra você recomeçar a vida lá na Itália.

CABO JORGE

E todos continuavam aqui cultuando a memória do herói.

PREFEITO

Como se nada tivesse acontecido.

CABO JORGE

E vivendo à sombra de uma mentira.

MAJOR

Ninguém tem culpa se é mentira.

CABO JORGE

Eu muito menos. E não estou disposto a me sacrificar pra não perturbar o sono de vocês. Já disse que nunca tive vocação pra mártir.

MAJOR

Quer dizer que não concorda?

CABO JORGE

Não. Vim pra ficar e vou ficar... E estou decidido a passar aqui o resto da minha vida. Foi uma decisão que tomei, depois de conhecer um bom pedaço de mundo.

PREFEITO

Explique, Major, explique que isso vai ser a ruína de todos nós.

CABO JORGE

Pelo contrário, acho que vocês vão lucrar com a minha volta. Não sou mais aquele babaquara que saiu daqui. Esse mundão de Deus me ensinou muita coisa. Tenho a cabeça cheia de ideias, posso fazer muito pela cidade.

PREFEITO

(Em desespero.) Ele não entende, Major. Seu Vigário, explique... *(Para Antonieta:)* Quem sabe se ele acredita mais na senhora?

MAJOR

Pare com isto, Silveirinha.

PREFEITO

Desculpe, Major, mas é preciso que alguém faça ele entender.

MAJOR

Ouça, rapaz: ninguém tem nada a lucrar com a sua volta. Todos só têm a perder. Os que perderem menos vão perder o amor a esta terra e a vontade de viver aqui.

CABO JORGE

Você acha que isto vai acontecer, Antonieta? Você vai fugir daqui, se eu vier pra cá?

PREFEITO

Mas ela não serve de exemplo...

CABO JORGE

Não acredito nisso. Não posso acreditar que um homem seja mais útil morto do que vivo. Do contrário ia ter de acreditar também que todos aqueles infelizes que morreram na guerra foram muito úteis. E que a guerra é uma utilidade, porque fabrica heróis em série.

PREFEITO

Mas ninguém está dizendo isso. Aqui se trata de um caso particular, uma situação criada...

MAJOR

Seu menino, assunte o que vou dizer e entenda de uma vez; sua volta é uma ameaça para a cidade. E a cidade tem o direito de se defender.

CABO JORGE

Que quer dizer?

MAJOR

Que nenhum de nós se responsabiliza pelo que possa acontecer, se você teimar em não arredar pé daqui.

CABO JORGE

Mas o que é que pode acontecer?

MAJOR

Quem é que sabe? Conselho de amigo: pense até amanhã. Conselho de amigo. *(Sai, abruptamente. O Prefeito o segue.)*

VIGÁRIO

(Reflete.) Ele diz que ninguém tem nada a lucrar com a sua volta; sei não... Acho que Deus lucraria muito.

ANTONIETA

Deus?

VIGÁRIO

(Parece subitamente iluminado.) É verdade que isso ia cair sobre essa gente como uma praga. Mas há momentos em que nada é tão útil como uma praga, pra varrer a terra de todo o pecado. Deus ajuda e perdoa, mas também castiga. *(Fita Cabo Jorge, como se o visse agora sob nova luz.)* Quem sabe se não foi Ele quem mandou você, pra isto? Como um castigo?

Muda a luz. Na praça, diante do monumento, Major e Prefeito param.

MAJOR

Vou mandar um jagunço pra vigiar a casa; ele não deve sair.

PREFEITO

Ainda tem esperança de convencer o homem?

MAJOR

Tenho ainda um recurso. Não queria, mas vou ter de usar. Embarco pro Rio hoje mesmo. Ele não sabe que está perdido. *(Sai.)*

PREFEITO

(Contempla o monumento, balança a cabeça.) E agora, que é que eu vou fazer com esta pinoia?

PANO

Segundo Ato

SÉTIMO QUADRO

CORO

(Junto à estátua, sob um jato de luz.)

À sombra desta estátua
uma cidade cresceu,
cresceu, cresceu, cresceu,
à sombra dela cresceu.
Barriga também cresceu
de muita gente cresceu.

Surgem Major, Prefeito e Vigário com enormes barrigas. Cantam e dançam.

MAJOR

Tenho a consciência tranquila,
tudo o que dizem é intriga;
quem é que após os cinquenta
e que regime não siga,
pode evitar de criar
u'a respeitável barriga?

PREFEITO

Se alguma coisa comemos
— viver não há quem consiga
sem qualquer coisa ingerir —
verdade é bom que se diga:
nem um tostão desse povo
entrou em nossa barriga.

VIGÁRIO

Não há quem a Deus sirva
e que a Satanás persiga
que trace um caminho reto
e sem desviar-se o siga,
se Deus lhe enche a alma
e o Cão lhe enche a barriga.

Surge Antonieta, também com enorme barriga.

ANTONIETA

Desgraça pior é a minha
em toda essa cantiga;
não vou lançar na cegonha
a culpa desta barriga;
pra não implicar o Major,
melhor dizer que é lombriga.

CORO

À sombra desta estátua
uma cidade cresceu,
cresceu, cresceu, cresceu,
à sombra dela cresceu.
Barriga também cresceu,

de muita gente cresceu.
E agora, que fazer?
que a estátua virou,
virou, virou, virou,
de novo gente virou...

A estátua se anima: é o próprio Cabo Jorge. Todos fogem, gritando apavorados.

TODOS

Nossa cidade morreu!

CABO JORGE

Antes ela do que eu!

OITAVO QUADRO

A estátua está de novo no seu pedestal. Homens, comandados pelo Prefeito, enfeitam a praça com bandeirinhas e penduram faixas que dizem: Seja Bem-vindo Cabo Jorge — Salve Cabo Jorge — A Cidade Recebe com Orgulho seu Heroico Filho etc. Os meninos também ajudam, ruidosamente. A música, que não cessou durante a mutação, continua ainda um tempo, descritiva.

MULHER GRÁVIDA

Mas ele não tinha morrido?

VENDEDOR

Morreu não. Ficou todo picotado de bala, mas não morreu. Cabra danado. Devia ter o corpo fechado.

MULHER GRÁVIDA

Ou então foi o Senhor do Bonfim que tirou o efeito das balas. Não foi o Senhor do Bonfim que mandou ele avançar contra os alemães?

VENDEDOR

Tinha de fazer alguma coisa por ele.

MULHER GRÁVIDA

Mas por que é que só agora descobriram que ele estava vivo?

VENDEDOR

Dizem que ficou deslembrado. Andou vagando lá pelas Oropa, sem saber quem era. Por isso é que eu não acredito muito que tenha sido do Senhor do Bonfim a voz que ele ouviu.

MULHER GRÁVIDA

Por quê, oxente?

VENDEDOR

Senhor do Bonfim é santo da terra. Então não ia ensinar logo pra ele o caminho de casa?

MULHER GRÁVIDA

Lá isso é. Deve ter sido santo estrangeiro.

LILINHA

(Entra, muito excitada, mas não muito satisfeita.) Quando ele chega?

PREFEITO

Deve chegar no trem de amanhã. Não tenho ainda certeza. Mas é preciso ir preparando tudo, enfeitando a cidade, quero uma recepção de arromba.

LILINHA

Falei com Zé Fogueteiro. Botou a mulher e os nove filhos pra trabalhar sem descanso até a hora da chegada.

PREFEITO

Quero um foguetório como nunca se viu. Nem em noite de S. João.

LILINHA

Mestre Fafá já está ensaiando a Lira. Só que ele teima em tocar aquele dobrado da autoria dele mesmo.

PREFEITO

Que toque. Com tanto foguete, ninguém vai ouvir nada. O meu improviso, você escreveu?

LILINHA

Vou escrever agora.

PREFEITO

Depressa, que eu preciso decorar.

LILINHA

Que é que o senhor quer que eu diga?

PREFEITO

Fale no orgulho da cidade, na glória da cidade, essa coisa toda. Não se esqueça de mencionar a campanha do monumento e de dizer que isso se deve a mim. Fale também no Major, na viúva, na estrada. E veja se dá pra encaixar o nome de Deus em qualquer lugar.

LILINHA

Encaixo tudo, menos o nome da viúva. Esse, se o senhor quiser que encaixe.

PREFEITO

Vamos deixar de nove horas. Ela é casada com ele, se lembre disso. Você não tem direito nenhum.

LILINHA

E eu estou dizendo que tenho? Ele vivo ou morto, pra mim tanto faz como tanto fez. O senhor bem sabe que renunciei a tudo, que estou casada com Deus Nosso Senhor.

PREFEITO

Pois então...

LILINHA

Mas botar o nome dela no discurso eu não boto. *(Inicia a saída e para.)* E não pense que o senhor me engabela com essa história de que ele só chega amanhã; eu sei que ele já chegou há muito tempo e está na casa dela.
Vigário entra.

PREFEITO

Quem lhe disse?! *(Lilinha sai, volta-se para o Vigário.)* Foi o senhor?

VIGÁRIO

Não dei uma palavra a ninguém. Mas a ideia também não me agrada muito. Quem teve?

PREFEITO

A viúva mesmo. Uma ideia besta, que resolve tudo. Não sei por que ninguém pensou nisso logo de início.

VIGÁRIO

O Major já sabe?

PREFEITO

Não, ele está no Rio, chega hoje. Estamos esperando por ele pra fazer a chegada triunfal. Prepare os sinos. Vai ser uma aleluia!

VIGÁRIO

Estou vendo.

PREFEITO

Me admira que o senhor não esteja animado.

VIGÁRIO

Vamos ter então que esconder a verdade.

PREFEITO

Só eu, o senhor, o Major e a viúva. Fazemos um juramento...

VIGÁRIO

Eu não faço juramento nenhum.

PREFEITO

Está bem, o senhor não precisa jurar. Como padre, o senhor tem obrigação de guardar o segredo de uma confissão.

VIGÁRIO

Não foi em confissão que vim a saber.

PREFEITO

Bem, faz de conta. Isso é um detalhe.

VIGÁRIO

Um detalhe muito importante, seu Silveirinha. Muito importante. *(Sai.)*

ANTONIETA

(Entrando.) Ah, estou cansada de esperar lá na Estação.

PREFEITO

O Major não veio?

ANTONIETA

O Maria-fumaça, como sempre, está atrasado.

PREFEITO

A falta que faz a estrada de rodagem.

ANTONIETA

Também, agora ela sai. Se em nome de um defunto o Major conseguiu tanta coisa, o que não vai conseguir com o defunto vivo.

Entram Major e General. Este veste uma capa, mas está à paisana. Ambos se mostram surpresos com o movimento e a decoração da praça. Principalmente o Major.

MAJOR

Não estou entendendo... Não estou entendendo nada. *(Vê o grupo formado por Antonieta, Vigário e Prefeito.)* O senhor podia esperar aqui um minutinho, eu vou saber que doideira é essa.

PREFEITO

Olhe o Major...

ANTONIETA

Oxente, eu saí da Estação agora mesmo...

107

MAJOR

Que maluquice é essa?

ANTONIETA

Maluquice nada, está tudo resolvido.

PREFEITO

Encontramos a solução.

ANTONIETA

Agradeça a mim.

PREFEITO

Ele volta, mas volta como herói mesmo.

MAJOR

E esse tempo todo, como vamos explicar?

ANTONIETA

Hospital, campo de concentração, perda de memória.

PREFEITO

Assim, não muda nada.

MAJOR

E ele está de acordo?

ANTONIETA

Cabo Jorge? Qual é a dele? Vai ser recebido com foguete e banda de música, viver adorado pelo povo, com certeza vai ganhar medalha e pensão do Estado. Só tem de contar umas mentirinhas de vez em quando e engolir discurso. Mas que diabo, eu faço isso há dez anos e não me queixo.

MAJOR

É, é uma boa ideia. Por que não pensamos nisso antes? Eu não tinha ido ao Rio de Janeiro. Agora vamos ter de falar com ele.

PREFEITO

Ele quem?

MAJOR

Sabe quem é aquele? Um General.

PREFEITO E ANTONIETA

Um General?!
General desce até eles.

MAJOR

O General me desculpe toda essa maçada. Fazer o senhor vir até aqui... Mas eu achei que era meu dever comunicar... (*Apresenta.*) O Prefeito da cidade, a esposa de Cabo Jorge.
Cumprimentos de cabeça.

MAJOR

Afinal de contas, ele é um herói militar. E o Exército é o Exército.

PREFEITO

A farda é sagrada.

MAJOR

Pra nós, a situação era muito desagradável. Mas quem ia ficar em posição ainda mais incômoda eram os senhores. Há um batalhão com o nome dele.

PREFEITO

Um batalhão.

MAJOR

Felizmente, nem havia necessidade do senhor vir aqui. Encontrou-se uma solução, ao que parece. Ele volta, mas nada se conta de sua deserção.

ANTONIETA

E continua tudo como dantes: a honra do Exército, o prestígio do Major, o progresso e a glória da cidade.

GENERAL

E nós todos nas mãos de um vigarista. *(Há uma surpresa geral com a reação violenta do General.)* A senhora acha então que o Exército pode ser cúmplice de uma impostura?

ANTONIETA

Mas não há outro jeito.

PREFEITO

Já quebramos a cabeça.

GENERAL

E escolheram a solução mais cômoda.

PREFEITO

Foi a única que encontramos.

GENERAL

Pois temos de encontrar outra, essa não serve. É incompatível com a dignidade militar.

MAJOR

Sim, claro, claro. Pensando bem, é até uma ofensa propor semelhante solução. O senhor me desculpe. *(Com intenção, encarando Antonieta.)* É que há pessoas ansiosas pela volta do Cabo, a qualquer preço...

GENERAL

Ele é seu sobrinho, não é, Deputado?

MAJOR

Meu sobrinho... sobrinho de minha mulher. Meu sobrinho por afinidade. Mas vamos esquecer esse parentesco, General. Em toda a minha vida de deputado, nunca fiz política de família.

PREFEITO

Lá isso é verdade.

MAJOR

Sou um homem público. E neste caso só vejo o interesse do meu povo e da minha Pátria. Esse rapaz é um desertor. Acho que o senhor deve levá-lo preso para o Rio.

GENERAL

Talvez.

MAJOR

Ou então embarcá-lo de volta pra Itália.

GENERAL

Tenho de estudar o caso.

PREFEITO

A gente não pode se conformar é com...

MAJOR

Com o ridículo!

PREFEITO

A vergonha!

GENERAL

Não, isso não. Voltar, de modo algum ele pode voltar.

ANTONIETA

Mas agora todo mundo já sabe que ele está vivo. Pensam que vai chegar amanhã!

MAJOR

Digam que foi um rebate falso. Não era Cabo Jorge. Um maluco qualquer que se dizia Cabo Jorge. Vocês, que inventaram essa história, que deem o jeito. *(Aponta as faixas.)* E mandem arrancar essa palhaçada. *(Para o General:)* O General quer interrogar o rapaz?

GENERAL

Não, primeiro um banho. Estou louco por um banho. Me arranjem um hotel.

MAJOR

Nada disso. O senhor vai pra minha casa. Faço questão.

PREFEITO

A minha também está às ordens. É casa de pobre, mas...

MAJOR

Tenho um quarto à sua disposição, General. Vamos.

GENERAL

Um ponto importante: ninguém deve saber de minha presença na cidade. Estou em missão reservada. Absolutamente reservada.

MAJOR

Entendido.

GENERAL

Com licença, madame.
Saem Major e General, deixando Antonieta e o Prefeito um tanto perplexos.

NONO QUADRO

Em casa de Antonieta. Lilinha entra na sala, conduzida pela Surda-Muda. Cabo Jorge está de quatro, com a cabeça enfiada embaixo do sofá, procurando algo. Lilinha, presa de grande emoção, ao dar com ele nessa posição, fica indecisa.

LILINHA

É ele?... *(Examina de vários ângulos o traseiro de Cabo Jorge.)*
A Surda-Muda balança afirmativamente a cabeça e sai.

LILINHA

Nunca pensei que depois de tanto tempo viesse dar com ele nesta posição!

CABO JORGE

(Levanta-se.) Desculpe, eu estava... *(Reconhece-a.)* Lilinha!

LILINHA

Não. Me toque não.

CABO JORGE

(Chocado.) Lilinha!...

LILINHA

Fique onde está. Quero só olhar bem pra você.

CABO JORGE

(Incomodado com o olhar estranho de Lilinha.) Que é? Mudei muito? Quinze anos.

LILINHA

Se mudou!

CABO JORGE

Engordei um pouco. Sabe, Itália, macarrão...

LILINHA

Quinze anos. E não morreu. E até engordou.

CABO JORGE

Preferia que eu tivesse morrido?

LILINHA

Mil vezes. Que Deus me perdoe.

CABO JORGE

(Ele fica um tanto desarmado.) Então era assim que você gostava de mim? Que jurou uma vez não olhar pra outro homem até que eu voltasse?

LILINHA

Avalie você que papelão, se eu cumpro o juramento. E a verdade é que cumpri.

CABO JORGE

Não se casou?

LILINHA

Fui, durante quinze anos, "a namorada de Cabo Jorge, o primeiro amor de Cabo Jorge". No princípio, pensei até em entrar pra um convento.

CABO JORGE

Mas eu não tenho culpa.

LILINHA

E de quem é a culpa? Minha? Mereço isso?... Depois de quinze anos, tudo se acaba assim, de uma hora pra outra...

CABO JORGE

(Sem entender.) Como se acaba, se eu voltei, estou aqui!

LILINHA

É isso mesmo, você voltou, está aqui e está tudo acabado.

CABO JORGE

Compreendo, seu pai lhe contou a verdade, e você sente vergonha de mim. Claro que não vou ao ponto de achar que meu procedimento mereça uma estátua. Mas será que sou tão repulsivo assim? Só porque num momento lá da minha vida achei que era um homem livre e podia usar a minha liberdade como bem entendesse. Então, pra que o homem é livre, senão pra isso, pra escolher o seu caminho?

LILINHA

Não estou reclamando nada. Sei que não tenho direito nenhum. Você seguiu o seu caminho e eu, burra, devia ter seguido o meu. Você não tem culpa de nada. A culpa é toda minha.

CABO JORGE

Não, diga o que pensa. Pode dizer. Eu sei que você veio aqui pra me chamar de poltrão, de covarde.

LILINHA

Foi então por covardia?

CABO JORGE

Covardia, instinto de conservação, medo, loucura, sei lá... Mas o que importa é que estou vivo. Vivo.

LILINHA

(Estarrecida.) E ela sabe?

CABO JORGE

Ela, quem?

LILINHA

D. Antonieta. Ela sabe que foram esses os motivos que levaram você a se casar com ela?
Antonieta entra.

CABO JORGE

Que história é essa?!

LILINHA

Oh, eu nunca imaginei!... Um homem que enfrentou o exército alemão de peito aberto, um herói nacional!... *(Sai.)*

CABO JORGE

Ei, espere!
Ele faz menção de correr atrás de Lilinha, mas Antonieta o detém.

ANTONIETA

Deixe ela ir. Precisamos ter uma conversa.

CABO JORGE

Também acho. *(Olha-a fixamente.)* Então o falecido era eu!

ANTONIETA

A ideia não foi minha não.

CABO JORGE

De quem foi?

ANTONIETA

Do Major. Ele queria que eu viesse pra cá, e foi esse o pretexto que arrumou.

CABO JORGE

Inventou que você havia casado comigo...

ANTONIETA

Secretamente, antes de você partir pra guerra. Estava deixando ele chegar hoje, pra lhe contar tudo.

CABO JORGE

E os papéis?

ANTONIETA

Oxente, gente, terra onde defunto vota, por que é que não casa?

CABO JORGE

Falsificou.

ANTONIETA

Tão bem-falsificado que até pensão eu recebo do Estado.

CABO JORGE

Agora estou compreendendo a razão de sua influência. Além de amiga do Major, viúva do Cabo...

ANTONIETA

E cabo eleitoral do Major.

CABO JORGE

O velho é danado. Mas não sei como ele descobriu você.

ANTONIETA

Fui eu quem fui levar no escritório dele a carta que chegou do Exército comunicando a sua "morte em ação".

CABO JORGE

Mas e agora? Eu voltando, você deixa de ser viúva...

ANTONIETA

Passo a ser a esposa de Cabo Jorge.

CABO JORGE

E o Major?

ANTONIETA

Ora, ele tem que se conformar.

CABO JORGE

Mas eu é que não me conformo. Antes, o corno era ele, agora o corno sou eu.

ANTONIETA

Eu podia ser fiel. Foi uma experiência que nunca tentei.

CABO JORGE

Não se deve exigir demais da natureza.

ANTONIETA

Queira ou não queira, você está casado comigo, de papel passado e tudo.

CABO JORGE

Uma ova. Se quiser, meto vocês todos na cadeia.

ANTONIETA

E casa com Lilinha.

CABO JORGE

Caso com quem quiser. Quem decide a minha vida sou eu.

ANTONIETA

(Sorri.) Você que pensa. Sua vida vai ser decidida hoje, e não por você.

CABO JORGE

Não estou entendendo.

ANTONIETA

Não vai haver mais desfile, chegada triunfal, nada.

CABO JORGE

Mas não estava tudo combinado, não estavam todos de acordo?

ANTONIETA

Todos, menos o General.

CABO JORGE

Que General?

ANTONIETA

O Major chegou do Rio e trouxe um General. Ele é quem vai decidir.

CABO JORGE

Mas por que era preciso um General?

ANTONIETA

Sei lá. A coisa está ficando cada vez pior. E se eu fosse uma criatura sensata estava agora era convencendo você a desistir.

CABO JORGE

E abandonar a cidade?

ANTONIETA

Se isso ainda fosse possível.

CABO JORGE

Não é mais?

ANTONIETA

Até ontem, era. Agora, não sei. Os jagunços do Major estão tocaiando a Estação e a estrada. Até mesmo nossa casa está sendo vigiada. Eles agora não vão deixar você sair da cidade.

CABO JORGE

Mas quando cheguei não queriam que eu voltasse no mesmo pé?

ANTONIETA

Já lhe disse, a coisa mudou com a chegada do General. Quer um conselho? Faça o mesmo que fez na guerra: sebo nas canelas. Se você ficar aqui, vai ser pior. Fuja e se esconda em qualquer lugar. Faça isso enquanto é tempo.

CABO JORGE

Esconder aonde?

ANTONIETA

Numa hora dessas, acho que só dois lugares oferecem segurança: a Igreja ou o castelo de Matilde.

CABO JORGE

(Ainda indeciso.) Mas por que tenho de fugir?

ANTONIETA

Porque cada minuto que passa fica mais difícil você escapar.

CABO JORGE

Escapar de quê? Da cadeia? Não podem me prender, fui anistiado.

ANTONIETA

Não sei o que eles estão pensando em fazer, mas é bom que espere pelo pior.

CABO JORGE

O pior...

ANTONIETA

No princípio, não entendi bem, mas agora compreendo o que significa pra eles a sua volta.

CABO JORGE

Não é possível!

ANTONIETA

Conheço eles e conheço a situação. É besta, mas é como é. Se fosse você, ganhava o mundo agora mesmo.

CABO JORGE

(Perplexo.) Estão loucos! Estão todos loucos!

ANTONIETA

Estão não. Estão com a cabeça no lugar. Louco é você de querer bancar o cabeçudo.

CABO JORGE

Eu não vim pra fazer mal a ninguém. Pelo contrário. Tudo isso não tem pé nem cabeça.

ANTONIETA

Se eu pudesse, juro, ia com você.

CABO JORGE

Adiantava não. Você só ia atrapalhar. *(Inicia a saída.)* Tem um jagunço rondando a casa.

ANTONIETA

Deixe o jagunço por minha conta. Fuja pelos fundos, enquanto eu distraio ele.

CABO JORGE

Está bem. Se a gente não se encontrar mais...

ANTONIETA

Perca tempo com isso não.
Cabo Jorge sai.

ANTONIETA

(Dirigindo-se ao jagunço, coquete.) Moço? Está cansado de ficar aí nessa soleira não? Venha tomar um pouco de sombra.

DÉCIMO QUADRO

Major e Antonieta estão em cena.

MAJOR

Como é possível? Então o homem evaporou-se!

ANTONIETA

Quando cheguei da rua tinha dado o sumiço.

MAJOR

E agora, o que é que eu vou dizer ao General? Fiz o homem vir do Rio de Janeiro só pra isso, pra resolver o que vamos fazer com essa bomba. E agora tenho de chegar a ele e dizer: "Vosmicê me desculpe, mas a bomba já estourou."

ANTONIETA

Você não tinha mandado vigiar a casa?

MAJOR

Botei um jagunço em cada esquina.

ANTONIETA

E o Cabo passou por todos eles?

MAJOR

Como a figura do Cão.

ANTONIETA

E será que não era não?

MAJOR

O quê?

ANTONIETA

O Cão em figura de gente. Vindo só pra atentar.

MAJOR

Só sendo mesmo. Porque isso vai ser o fim de todos nós.

ANTONIETA

Também você não tinha nada de chamar um General. Nós aqui podíamos resolver a coisa.

MAJOR

Não chamei ninguém. Só comuniquei o caso ao Ministério da Guerra. Se mandaram um General é porque compreenderam a gravidade da situação. E foi bom, ainda mais porque livra a nossa responsabilidade. O que ele resolver, está resolvido. E ele não vai admitir que esse borra-botas desmoralize a farda que vestiu. Vai ter que dar um sumiço nele.

ANTONIETA

Que espécie de sumiço?

MAJOR

É o que vamos ver. De uma coisa você fique certa: nesta casa ele não dorme mais.

ANTONIETA

E de uma coisa você precisa saber: ele já está sabendo de tudo a nosso respeito.

MAJOR

Tudo o quê?

ANTONIETA

O casamento que você me arranjou e tudo mais.

MAJOR

Você quem disse?

ANTONIETA

Não, Marília, a filha do seu Silveirinha.

MAJOR

Esteve aqui?

ANTONIETA

Esteve. E agora eu acho que nós estamos mais perto do xilindró do que ele.

MAJOR

Mais uma razão.

ANTONIETA

Pra quê?

MAJOR

Pra caçar esse cabra e dar um jeito nele. *(Volta-se para ela, desconfiado.)* Você não sabe mesmo onde ele se meteu?

ANTONIETA

Sei não, homem, já disse. Se soubesse, não era de meu interesse dizer? Ele pode me meter na cadeia.

MAJOR

Inda bem que você entendeu. Pensei que estivesse com ilusão de que ele quisesse legalizar esse casamento.

ANTONIETA

Foi coisa que nunca me passou pela cabeça.

MAJOR

E é só isso não. A pensão do Estado, sua situação aqui, tudo você ia perder. Já pensou?

ANTONIETA

Já. E mesmo assim, eu queria lhe pedir um favor. Deixe ele fugir.

MAJOR

Deixar?... Você está louca?

ANTONIETA

É um pedido que eu lhe faço. Ele está apavorado, vai ganhar o mundo e nunca mais bota os pés aqui. Eu garanto.

MAJOR

Você garante. Então foi você quem ajudou ele a escapar.

ANTONIETA

Ele não merece...

MAJOR

Tu é a mulher mais burra que eu já conheci. Que é que tu tem dentro dessa cabeça? Merda?

ANTONIETA

Eu sabia, sabia o que vocês iam fazer com ele... E não podia, não podia deixar!

MAJOR

O que eu não sei agora é o que fazer com você. A vontade que tenho é de te arrebentar de pancada. *(Ameaça agredi-la.)* Tua sorte é que eu não tenho tempo. Mas tu não perde por esperar. Pra onde ele foi?

ANTONIETA

Sei não. Juro que não sei.

MAJOR

(Sacode-a brutalmente.) Diga, sua égua! Diga, que de nós todos tu é quem mais tem a perder! Será que ainda não entendeu isso? Ele vai te desgraçar a vida. Vai te meter na cadeia e casar com Lilinha! Não entende que foi por causa dela que ele voltou, sua idiota?

ANTONIETA

Mas eu não sei. Não sei pra onde ele foi.

DÉCIMO PRIMEIRO QUADRO

(No bordel, Cabo Jorge, sentado sobre uma mesa, já meio "alegre", cercado pelas prostitutas, canta.)

CABO JORGE

Vivemos tempos que não são os nossos,
aprendemos línguas
que jamais seremos capazes de falar;
caminhamos para um mundo
onde sucumbiremos de tédio,
embora tenhamos por ele lutado.

Os que vieram antes de nós
nos roubaram todas as causas,
todas as bandeiras
e somente uma opção nos deixaram
os que vieram antes de nós:
o Sexo ou a Revolução.

O tempo do homem é chegado!
Matemos então um bocado deles.

Aqui está a grande verdade:
vivemos a hora das posições absolutas.
Direita volver! Esquerda volver!
Ou vamos à guerra, ou vamos às putas.

As mulheres riem e aplaudem.

MATILDE

Onde você aprendeu tanta coisa, Cara de Anjo?

CABO JORGE

Por aí, correndo mundo.

RAPARIGA 1

E o que foi que você fez pra correr mundo?

CABO JORGE

Prometi matar muita gente, ou deixar que me matassem.

RAPARIGA 2

E não fez nem uma coisa nem outra, garanto.

MATILDE

Você não é de matar ninguém, Cara de Anjo.

CABO JORGE

É, parece que não consegui ser nem tão mau, nem tão burro pra merecer uma estátua. Por isso estão me cobrando.

MATILDE

Quem?

CABO JORGE

Seus fregueses.

RAPARIGA 2

É gira.

RAPARIGA 1

Eu só queria viajar pra conhecer Pigalle. Um marinheiro francês me falou. Uma rua inteira só de mulheres.

CABO JORGE

O mundo tem muitas ruas assim. É tudo igual.

MATILDE

Mas dizem que lá em Paris a profissão é muito bem-organizada.

CABO JORGE

Não só a profissão, o amadorismo também.

RAPARIGA 2

A concorrência deve ser muito grande.

MATILDE

Minha filha, sem concorrência não pode haver progresso. Não há estímulo, ninguém se esforça, ninguém pode se aperfeiçoar. É ou não é?

CABO JORGE

Claro! Está provado que o monopólio estatal da prostituição é um erro.

RAPARIGA 1

Assim como aqui.

CABO JORGE

Viva a livre empresa! *(Bebe.)*

RAPARIGA 1

Por isso as francesas chegaram ao ponto que chegaram.

RAPARIGA 2

Ah, detesto as francesas: não têm moral nenhuma.

RAPARIGA 1

Tu tem é despeito.
Ouve-se uma sineta de porta.

MATILDE

Oxente, gente, será que a freguesia mudou de horário? É cedo ainda... *(Sai.)*

RAPARIGA 1

Cidade boa é que tem marinheiro. Aqui, esses tabaréus são uns porcos.

CABO JORGE

Viva a Marinha! *(Bebe.)*

RAPARIGA 2

E você o que é?

CABO JORGE

Profissão? Herói.

RAPARIGA 1

(Ri.) E onde foi que você arrumou essa profissão?

CABO JORGE

Na guerra. Lutei sozinho contra Hitler, contra Mussolini, contra a "Wehrmacht" e a "Luftwaffe"! Contra os campos de concentração e as câmaras de gás! Sozinho contra os alemães, contra os italianos, contra os ingleses e os americanos. Contra os russos!

RAPARIGA 1

Lutou contra todos?!

CABO JORGE

Contra a guerra.

RAPARIGA 2

Garganta pura.

CABO JORGE

Ah, mas é muito dura a profissão de herói. Se eu tivesse morrido, era fácil. Ou se tivesse sido herói por acaso, sem querer, como muitos. Mas sou um herói por convicção. Um herói de carreira. Por isso tenho de ser herói vinte e quatro horas por dia. É cansativo.

RAPARIGA 2

Nunca ouvi tanta garganta em minha vida.
Entram de súbito Major e Prefeito. Matilde surge logo depois, assustada.

MAJOR

(Aponta para Cabo Jorge.) Aí está ele.

PREFEITO

Pode vir, General.
General entra. Cabo Jorge, um tanto surpreso, desce de cima da mesa.

MATILDE

(Apressadamente.) Nós não temos nada com ele não. Entrou aqui... Sabe, isto é uma casa pública...

MAJOR

(Faz sinal para que se cale.) Vá lá pra dentro. E leve as outras.

MATILDE

Meninas...

RAPARIGA 1

(Saindo.) Ele chamou o velho de General.

RAPARIGA 2

Deve ser apelido.
As mulheres saem.

MAJOR

Sente-se, General.

PREFEITO

Mas vamos fazer isso aqui?...

MAJOR

Que jeito?

PREFEITO

Não acho que seja um lugar muito apropriado. Principalmente pro General.

MAJOR

Sua Excelência deve compreender a situação.

PREFEITO

Se alguém viu a gente entrar, amanhã toda a cidade vai saber. E como vamos justificar?

MAJOR

Acho que ninguém vai imaginar que viemos aqui pra...

PREFEITO

E vão imaginar que viemos fazer o quê?

MAJOR

Bem, é um risco que temos de correr. Mais perigoso era sair com ele daqui agora.

GENERAL

E eu não tenho tempo a perder. Preciso voltar e deixar este caso resolvido. *(Volta-se para Cabo Jorge.)* Você é Cabo Jorge?

CABO JORGE

(Perfila-se.) Cabo Jorge Medeiros, Força Expedicionária Brasileira, 6º Regimento de Infantaria.

GENERAL

O boletim do seu Regimento o dá como morto em ação no dia 18 de setembro de 1944. "Morte heroica", segundo o elogio do comandante do seu batalhão. Que é que o senhor tem a dizer a isso?

CABO JORGE

Eu? Sinto muito...

GENERAL

O senhor sabe quem era esse comandante? Era eu.

CABO JORGE

Eu bem que estava reconhecendo...

GENERAL

O senhor sabe que há um batalhão no Exército com o seu nome?

CABO JORGE

Não, sabia não.

GENERAL

Sabe que na História da Campanha da Itália, que eu escrevi, há um capítulo inteiro dedicado ao senhor?

CABO JORGE

Que vexame, General.

GENERAL

Vexame para mim.

MAJOR

Pra todos nós.

CABO JORGE

Mas o que é que os senhores querem que eu faça? Que volte pra Itália?

PREFEITO

É a solução.

CABO JORGE

Não é solução. Se voltar, serei preso.

MAJOR

Preso?

CABO JORGE

Já contei que pra fugir tirei a roupa de um camponês.

MAJOR

Um camponês que estava morto na estrada.

CABO JORGE

Não estava morto, eu matei o homem. Julguei que tivesse matado a mulher também, mas ela ficou só desacordada. Agora, dez anos depois, a miserável me descobriu e reconheceu. Me denunciou, e eu tive de fugir.

PREFEITO

(Julgando haver descoberto o meio de livrar-se dele.) Então temos de entregar ele à justiça italiana. É um assassino.

CABO JORGE

Se me entregarem, vou ter de dizer quem sou. A notícia, com toda a certeza, vai chegar até aqui.

MAJOR

E dá tudo no mesmo.

GENERAL

Não, não serve. A honra do Exército não pode ficar dependendo da sorte de um homem.

MAJOR

Mas se ele não pode voltar pra Itália...

PREFEITO

Nem pr'aqui.

GENERAL

A verdade é que não tem nenhum sentido ele estar vivo. É uma vergonha para o Exército e um contrassenso. A morte dele consta da Ordem do Dia de 18 de setembro de 1944 do 6º Regimento. Foi uma morte heroica, apontada como exemplo da bravura do nosso soldado. Atentem bem os senhores no que isso significa: há um batalhão com o nome dele. Isto é definitivo. Para o Exército, ele está morto e deve continuar morto.

Rapariga 1 passa com uma pequena bacia cheia d'água e uma toalha de rosto ao ombro. General a detém. Lava as mãos na bacia, enxuga-as na toalha.

RAPARIGA 1

Essa água era pra mim. *(Sai.)*

GENERAL

Resolvam os senhores como entenderem. *(Dá as costas.)*
Major e Prefeito se entreolham.

PREFEITO

Resolver como?

MAJOR

Fiquem aqui com ele, tenho um negócio a tratar com Matilde. *(Sai.)*

CABO JORGE

Como é que vão resolver?
General continua de costas. Prefeito tem o olhar frio, impenetrável.

CABO JORGE

(Sorri amarelo.) Parece que a única maneira de não desmentir o Boletim do meu Regimento era eu dar um tiro na cabeça ou beber formicida. Só que me falta coragem pra isso. Sempre tive um medo danado de morrer. É tão bom a gente estar vivo. E melhor ainda é estar vivo na terra da gente. Não estou dizendo isso pra comover ninguém, não. Palavra que vim cheio de planos, de vontade de trabalhar. Com a experiência que tenho agora, acho que podia ser útil. Vi muita coisa, aprendi muita coisa, por esse mundo afora. Fui covarde, quando era preciso, fui cruel, quando não havia outro jeito; mas fui bom também, muitas vezes. Um homem é isso, afinal. É ou não é?
Prefeito e General continuam impassíveis.

CABO JORGE

Sabem o que eu acho? Que o tempo dos heróis já passou. Hoje o mundo é outro. Tudo está suspenso por um botão. O botão que vai disparar o primeiro foguete atômico. Este é que é o verdadeiro herói. O verdadeiro Deus.

O deus-botão. Pensem bem: o fim do mundo depende do fígado de um homem. *(Ri.)* E vocês ficam aqui cultuando a memória de um herói absurdo. Absurdo sim, porque imaginam ele com qualidades que não pode ter. Coragem, caráter, dignidade humana... não veem que tudo isso é absurdo? Quando o mundo pode acabar neste minuto. E isso não depende de mim, nem dos senhores, nem de nenhum herói. *(Pausa. Sonda os rostos impassíveis do General e do Prefeito.)* Adianta não. Vocês querem porque querem um herói. A glória da cidade precisa ser mantida. A honra do Exército precisa ser mantida.

Entra Major, seguido de Matilde.

MAJOR

Acho que podemos ir, General. O senhor não tem de pegar o trem desta noite?

GENERAL

Tenho.

MAJOR

Então, vamos. Está tudo resolvido. *(Inicia a saída, deixando que o General passe à frente.)*

CABO JORGE

E eu?

MAJOR

Você? Divirta-se. Vamos levar o General e voltamos mais tarde. *(Sai com General e Prefeito.)*

CABO JORGE

Ele me parece de repente muito tranquilo. Isso não é bom sinal.
Entram Rapariga 1 e Rapariga 2, que cercam Cabo Jorge.

MATILDE

Que é isso, Cara de Anjo? Com medo?

RAPARIGA 1

Um herói não tem medo, não.

CABO JORGE

Que foi que ele conversou com vocês?

MATILDE

Negócios. Falamos de negócios. E por falar nisso, bebida, tragam mais bebida. Precisamos comemorar.

RAPARIGA 1

Cerveja?

MATILDE

Não, coisa mais forte. Aqueles cocos com pinga dentro. O acontecimento merece.

CABO JORGE

Que acontecimento?

MATILDE

Vamos abrir um novo *rendez-vous.*

RAPARIGA 1

(Ri.) Só quero ver a cara do Vigário. *(Traz vários cocos que coloca sobre a mesa.)*

RAPARIGA 2

Vocês vão ver: vai fazer um sermão por dia contra nós e mandar a beataria jogar pedras na gente.

MATILDE

Se preocupe não. O Major disse que deixe o Vigário por conta dele. Sabe, quando eles querem se entendem.

RAPARIGA 2

O Vigário tem razão, uma casa basta.

RAPARIGA 1

Fresca!

MATILDE

Não vê que aumentando o mercado todo mundo lucra?

RAPARIGA 2

Aumenta o mercado, diminui a freguesia.

RAPARIGA 1

Egoísta, só pensa nela.

MATILDE

Diminui nada. Quanto mais mulheres, mais fregueses. Os homens gostam de variar. É ou não é, Cara de Anjo? Pode beber, é de graça.

CABO JORGE

(Ergue um brinde ainda um tanto desconfiado.) À filial. Que seja digna das tradições da matriz.

MATILDE

Ah, isso vai ser, ora se vai, uma casa de categoria como nem no Rio de Janeiro se vê igual.

CABO JORGE

(Reflete.) Mas a parada com o Vigário vai ser dura. Me admira que o Major queira topar uma parada dessas em vésperas de eleição. Enfim, se já há um bordel, por que não haver outro?
Ouve-se um toque de campainha.

MATILDE

Não, não abram.

CABO JORGE

(Intranquilo.) São eles de volta. Vieram me buscar.

MATILDE

São não. Fique sossegado, eles não vão voltar.

RAPARIGA 2

Deve ser já a freguesia.

MATILDE

A casa hoje está fechada pra comemorar. Nada de trabalho. Nada de homens, a não ser Cara de Anjo.

CABO JORGE

É um privilégio que não mereço.

MATILDE

E pra Cara de Anjo é tudo de graça. Mulher, pode escolher. Bebida, pode beber até cair de porre.

RAPARIGA 1

Vamos ver se ele dá conta do recado.

RAPARIGA 2

Tem cara de ser bom de cama.
As prostitutas sentam-se nos joelhos de Cabo Jorge.

CABO JORGE

Isso é coisa que a gente imagina quando é menino, mas que nunca acontece.

RAPARIGA 1

Qual de nós você prefere, Cara de Anjo?

CABO JORGE

Todas.

MATILDE

Então vai com todas pra cama.

CABO JORGE

Ao mesmo tempo?

MATILDE

Mas antes vai ter de beber toda a cachaça que está dentro deste coco. De uma vez só, sem respirar.

CABO JORGE

Querem ver?

RAPARIGA 1

Mostra que é macho.

CABO JORGE

(Levanta-se, apanha o coco.) Pois lá vai.
Cabo Jorge esvazia o coco, cambaleia e cai de bruços sobre a mesa. Rapariga 2 tem um acesso de choro. A campainha volta a tocar, insistente.

MATILDE

Que é isso, idiota! Quer estragar tudo?!

RAPARIGA 2

Não quero passar o resto da vida na cadeia.

MATILDE

Que cadeia, sua burra. Se foi o Major que mandou. Ele garante.

RAPARIGA 2

Me deixe! Não quero saber dessa história! *(Sai correndo.)*

CABO JORGE

(Tenta erguer-se, completamente embriagado.) Já que não vamos à guerra... *(Cai novamente.)*

MATILDE

É sempre uma fresca. Nunca se pode contar com ela.

RAPARIGA 1

Eu topo. Mas quero sociedade na nova casa.

MATILDE

Dou, já disse, dou sociedade às duas.

RAPARIGA 1

E depois... que é que nós vamos fazer com ele?

MATILDE

Isso é com o Major. Vamos levar ele pro quarto. Assim ele dorme, e a coisa fica mais fácil.
Ouve-se o ruído de uma janela estilhaçada.

RAPARIGA 1

Que é isso?

RAPARIGA 2

(Entra correndo.) São elas! As Beatas!
Novos ruídos, como se a casa estivesse sendo apedrejada.

MATILDE

De novo!

RAPARIGA 2

Desta vez são mais de vinte, e o Vigário vem com elas!

MATILDE

É um Vigário do Cão!

RAPARIGA 1

Oh, padre excomungado!

MATILDE

(Vai à janela e xinga.) Chupadoras de hóstia! Beatas duma figa!

RAPARIGA 1

(Grita também.) Estão é com falta de homem! Venham pra cá que eu arranjo um pra cada uma!

MATILDE

Vão jogar pedra na mãe!
Uma pedra arrebenta uma vidraça e vem cair dentro da sala, junto de Cabo Jorge.

RAPARIGA 2

Quase caiu na cabeça dele.

RAPARIGA 1

(Arma-se com uma garrafa.) Que entre uma dessas Beatas aqui pra ver o que lhe acontece!

MATILDE

Espera... tenho uma ideia! *(Apanha o estilhaço de vidro. Ri. Volta à janela.)* Isso! Atirem mais pedras! Quebrem tudo, que eu tenho quem pague! *(Volta para junto de Cabo Jorge com o vidro na mão. Rapariga 2 cobre o rosto com as mãos.)*

DÉCIMO SEGUNDO QUADRO

Antonieta, Marília, Matilde, Major, Prefeito, Rapariga 1, Rapariga 2 e Vigário. Este último afastado do grupo. Sobre a mesa, coberto por um lençol, o corpo de Cabo Jorge, entre quatro velas acesas.

MATILDE

Ele estava sentado ali, bebendo, coitado. Estava tão alegre, contando casos... A pedra quebrou a vidraça, um estilhaço de vidro pegou bem aqui *(Mostra a carótida.),* lá nele. Nunca vi tanto sangue. Parecia uma cachoeira.

ANTONIETA

Quem jogou a pedra?

MATILDE

E quem é que vai saber? Eram mais de vinte, todas com o Diabo no corpo.

VIGÁRIO

Com o Diabo, não. Com o Diabo sempre estiveram vocês! Tinham acabado de ouvir missa e receber o Santíssimo.

LILINHA

(Numa explosão histérica.) Fui eu! Eu estava com elas! Eu atirei a pedra!

PREFEITO

(Contendo-a.) Não diga tolice. Tantas pedras, por que logo a sua?...

LILINHA

Porque eu estava com ódio, estava possuída pelo Demônio mesmo! Queria me vingar em alguém!

MAJOR

(Para o Prefeito.) É melhor que ela vá pra casa. Você não devia ter deixado ela vir.

PREFEITO

Vamos, filhinha, vamos pra casa. Isto não é lugar pra moça de família.

LILINHA

Eu não sabia que ele estava aqui. Juro que não sabia... *(Sai arrastada pelo Prefeito.)*

MAJOR

Eu não estou dizendo? O senhor exagera nos seus sermões.

ANTONIETA

Está aí o resultado.

VIGÁRIO

Por que não chamaram logo um médico?

MATILDE

De que jeito? Suas Beatas não deixavam ninguém botar a cara na janela. Logo que elas foram embora, fui chamar o Delegado. Não encontrei, chamei o Major.

MAJOR

Era tarde. Ele já estava morto. Uma coisa horrível.

ANTONIETA

Não morreu numa guerra de verdade, pra vir morrer numa guerrinha besta de mulheres.

MATILDE

Eu não sabia quem era ele. Depois foi que o Major me disse. Meu medo é que o povo venha a saber e se volte contra nós.

ANTONIETA

Contra quem? Só se for contra as Beatas ou contra o Vigário.

VIGÁRIO

Foi um acidente, uma fatalidade.

MATILDE

Fatalidade ou não, o homem está aí, morto. E morto por uma pedrada, lançada por uma Beata, por instigação do Vigário.

MAJOR

Padre, o senhor é o autor intelectual do crime.

VIGÁRIO

Seja. Não me arrependo dos meus sermões. E estou disposto a assumir a responsabilidade de tudo.

MAJOR

Não, isso também não é justo. Cada um de nós contribuiu um pouco pro acontecido. A cidade inteira. E ao mesmo tempo que cada um de nós é culpado, ninguém tem culpa de nada. Se ele não tivesse voltado, se tivesse morrido há dez anos, como consta da ordem do dia do seu Batalhão...

ANTONIETA

"Morto em ação." É triste que tenha voltado pra morrer num bordel. E nem ao menos em ação... não foi?

MATILDE

Não, não chegou a isso, coitado.

ANTONIETA

Muito triste.

MATILDE

Mais triste ainda pra senhora, que volta a ser viúva.

ANTONIETA

É minha sina. Ser sobejo de defunto.

MAJOR

Acho melhor abafar o caso.

VIGÁRIO

Abafar, como? Se há um homem morto. Se houve um assassinato.

MAJOR

A vítima já havia morrido há dez anos. E entre as duas mortes, se ele pudesse escolher, com certeza tinha escolhido a primeira. Portanto, seria uma vingança covarde a nossa, dando a conhecer a verdade.

ANTONIETA

Também acho.

MAJOR

Além do mais, não sabe, acho que nisso tudo andou a mão de Deus.

VIGÁRIO

Como?

MAJOR

Quem sabe se não foi Deus quem atirou aquela pedra?

VIGÁRIO

Não blasfeme!

MAJOR

Deus, que vê tudo, deve ter visto que essa era a única maneira de salvar esta cidade da ruína.

VIGÁRIO

Apesar dos defeitos de Cabo Jorge, não creio que Deus tenha decidido sacrificá-lo pra que esta cidade continue tal como é.

MAJOR

E por que não? Não é uma cidade muito mais importante do que um indivíduo?

VIGÁRIO

Cabo Jorge era um homem bom.

MAJOR

Cristo também era. E o Pai o sacrificou pela humanidade.

VIGÁRIO

Põe a estola em volta do pescoço, aproxima-se do corpo, benze-se e murmura uma oração.

ANTONIETA

E nem ao menos um enterro decente. Vai-se embora, assim, sem quarto e sem sentinela.

MAJOR

As Raparigas fazem sentinela.
Vigário acaba de encomendar o corpo e inicia a saída.

MAJOR

Padre? *(Vigário detém-se.)* As cinzas de Cabo Jorge vão chegar da Itália. Conto com o senhor pra cerimônia do benzimento.
Vigário sai sem dar resposta. Rapariga 1 e Rapariga 2 saem em seguida.

ANTONIETA

Você acha que ele vai guardar segredo?

MAJOR

O problema é dele.

MATILDE

E eu, que faço agora com o corpo?

MAJOR

Vamos dar um jeito de fazer o enterro antes de amanhecer, pra não dar na vista.

MATILDE

A minha parte está feita.

MAJOR

Deixe o resto por minha conta.

MATILDE

Vou lá dentro aquietar as meninas que estão muito nervosas... *(Sai.)*

ANTONIETA

Vamos pra casa, que eu também estou morrendo de medo.

MAJOR

Não seja boba.

ANTONIETA

Parece que ele vai levantar dali e acusar a gente.

MAJOR

Acusar de quê?

ANTONIETA

Pode ser que você engane ao Vigário com essa história da pedrada; a mim, não.

MAJOR

Por que não, se é verdade? Então não houve o ataque das Beatas ao castelo? Não apedrejaram, não quebraram todas as vidraças?

ANTONIETA

Eu sei que tudo isso aconteceu.

MAJOR

Pois então? É absurdo que um estilhaço de vidro tenha matado um bêbado?

ANTONIETA

Não seria absurdo, se eu não soubesse que a morte desse bêbado era a única solução.

MAJOR

Pra você também.

ANTONIETA

Pra todos.

MAJOR

Então agradeça a Deus que botou o Diabo no corpo daquelas Beatas.

ANTONIETA

É, e desde que ele chegou que eu senti que alguma coisa ruim ia mesmo acontecer. A ele ou a mim.

MAJOR

A ele ou a todos nós. É nisso que a gente deve pensar. A ele ou a todos nós, a uma cidade inteira. Não seria esse um crime muito maior? Matar uma cidade? Não pense que eu não sinto também. Não era de meu sangue, mas era sobrinho de minha mulher. E não era um mau rapaz, apesar dos defeitos.

ANTONIETA

Era não. Dizia coisas bonitas. Gostava de viver. Tão alegre, parecia uma criança.

MAJOR

Mas pense nas verdadeiras crianças. Vão poder crescer felizes, orgulhosas de terem nascido aqui. Vão poder crescer vendo a cidade progredir, ganhar importância. O Vigário diz que ganhamos também muita coisa má. Tem razão. Mas ninguém cresce sem ter sarampo, catapora. É da vida. Da natureza humana. Em compensação, teremos também uma estrada. Iremos daqui à Capital, diretamente, de automóvel.

ANTONIETA

Que bom. Irei a Salvador toda semana.

MAJOR

E ninguém constrói uma estrada sem sacrificar muitas vidas. É a paga do progresso.

DÉCIMO TERCEIRO QUADRO

No novo bordel. Matilde, Rapariga 2, Major, Juiz de Direito entre outros, aglomerados, diante de uma porta, disputam a primazia de olhar pelo buraco da fechadura.

VOZES

Espera! Não empurra! Quero ver também!

JUIZ

Como juiz de direito, reivindico o direito de testemunhar o ato.
Todos se afastam, resmungando. Juiz cola o olho ao buraco da fechadura. Os outros voltam a acotovelar-se em volta dele.

MATILDE

Eu acho que esta inauguração devia ter um tom mais solene. O senhor não acha?

MAJOR

É o Brasil, D. Matilde. Ninguém leva nada a sério.

JUIZ

Psiu!... Aí vem ele! Aí vem ele!

Todos se afastam da porta, assumem atitudes corretas. Abre-se a porta, surgem o Prefeito, ajeitando a gravata, e logo depois a Rapariga 1. Todos batem palmas. Prefeito agradece com um sorriso.

VOZES

O discurso! O discurso!

PREFEITO

(Pede silêncio com um gesto.) Minhas senhoras e meus senhores. Diante do Poder Legislativo, aqui representado pelo Deputado Chico Manga...
(Palmas.)
... do Poder Judiciário, aqui representado pelo nosso Juiz de Direito...
(Palmas, Juiz agradece.)
... e do Poder Executivo, que sou eu mesmo, declaro inaugurada esta casa, que é, em seu gênero, uma das melhores do País ou talvez mesmo da América do Sul. E quem diz isso não sou eu, é o Major Chico Manga, homem culto, viajado, que conhece o mundo e está sempre em dia com o progresso.

MAJOR

É isso mesmo. É isso mesmo.

VOZES

Não tem, nem em Paris tem coisa assim.

PREFEITO

Quero declarar também que isto não seria possível sem o espírito empreendedor de D. Matilde, que tanto tem colaborado com o nosso plano de turismo e diversões. Plano que, se Deus quiser, há de fazer esta cidade digna do nome de Cabo Jorge — aquele que morreu lutando pela democracia e pela civilização cristã.
Palmas.

MAJOR

(Adianta-se, canta para a plateia.)

Assim, senhoras e senhores,
foi salva a nossa cidade.
Com pequenos sacrifícios

de nossa dignidade,
com ligeiros arranhões
em nossa castidade,
e algumas hesitações
entre Deus e o Demônio,
conseguimos preservar
todo o nosso patrimônio.

TODOS

Assim, senhoras e senhores, foi salva a nossa cidade.

FIM

Este livro foi composto na tipografia
Minion Pro, em corpo 11,5/15, e impresso em papel
off-white no Sistema Digital Instant Duplex da
Divisão Gráfica da Distribuidora Record.